A Mulher Realizada

Miranda Gray

A Mulher Realizada

Como Otimizar o seu Ciclo Menstrual para Alcançar Sucesso e Plenitude em Todas as Áreas da sua Vida

Tradução
Nátaly Argozino Amaral

Título do original: *The Optimized Woman – Using Your Menstrual Cycle to Achieve Success and Fulfillment.*
Copyright do texto © 2008 Miranda Gray.

Publicado originalmente em UK por John Hunt Publishing Lld.

Publicado mediante acordo com John Junt Publishing Ltd.

Copyright da edição brasileira © 2021 Editora Pensamento-Cultrix Ltda.

1ª edição 2021.

Todos os direitos reservados. Nenhuma parte deste livro pode ser reproduzida ou usada de qualquer forma ou por qualquer meio, eletrônico ou mecânico, inclusive fotocópias, gravações ou sistema de armazenamento em banco de dados, sem permissão por escrito, exceto nos casos de trechos curtos citados em resenhas críticas ou artigos de revista.

A Editora Pensamento não se responsabiliza por eventuais mudanças ocorridas nos endereços convencionais ou eletrônicos citados neste livro.

Editor: Adilson Silva Ramachandra
Gerente editorial: Roseli de S. Ferraz
Revisão técnica: Larissa Lamas Pucci
Gerente de produção editorial: Indiara Faria Kayo
Editoração eletrônica: S2 Books
Revisão: Adriane Gozzo

Dados Internacionais de Catalogação na Publicação (CIP)
(Câmara Brasileira do Livro, SP, Brasil)

Gray, Miranda
   A Mulher realizada : como otimizar o seu ciclo menstrual para alcançar sucesso e plenitude em todas as áreas da sua vida / Miranda Gray ; tradução Nátaly Argozino Amaral. -- 1. ed. -- São Paulo : Editora Pensamento Cultrix, 2021.

   Título original: The Optimized Woman – Using Your Menstrual Cycle to Achieve Success and Fulfillment
   Apêndice
   ISBN 978-65-87236-60-5

   1. Autoajuda 2. Felicidade 3. Desenvolvimento pessoal 4. Mulheres - Administração do tempo 5. Transformação pessoal I. Título.

21-54700   CDD-158

Índices para catálogo sistemático:
1. Autoajuda : Felicidade : Psicologia aplicada 158
Aline Graziele Benitez - Bibliotecária - CRB-1/3129

Direitos de tradução para o Brasil adquiridos com exclusividade pela
EDITORA PENSAMENTO-CULTRIX LTDA., que se reserva a
propriedade literária desta tradução.
Rua Dr. Mário Vicente, 368 – 04270-000 – São Paulo – SP
Fone: (11) 2066-9000
http://www.editorapensamento.com.br
E-mail: atendimento@editorapensamento.com.br
Foi feito o depósito legal.

Sumário

Agradecimentos 7
Prefácio 9

Capítulo 1 Por Que 28 Dias? 11
Capítulo 2 Como Usar Este Livro 23
Capítulo 3 Conhecendo suas Fases 33
Capítulo 4 Trabalhando com o Período Ideal da Fase Criativa 51
Capítulo 5 Trabalhando com o Período Ideal da Fase Reflexiva 74
Capítulo 6 Trabalhando com o Período Ideal da Fase Dinâmica 94
Capítulo 7 Trabalhando com o Período Ideal da Fase Expressiva 112
Capítulo 8 Introdução ao Plano Diário 132
Capítulo 9 O Plano Diário da Mulher Realizada 144
Capítulo 10 Cumpri o Plano, e Agora? 236
Capítulo 11 O Que os Homens Precisam Saber 248

Conclusão Pegando a Onda da Realização 259
Apêndice 1 A Criação de um Diagrama do Ciclo Detalhado 263
Apêndice 2 Fontes e Referências 267

Agradecimentos

Ao meu marido, que me apoia sempre em todos os meus diversos projetos criativos.

A todas que encontrei, cara a cara e pela internet, que apoiaram e contribuíram com este título. Sinto-me honrada por ter conhecido tantas mulheres maravilhosas e sou grata pelas contribuições e pela ajuda.

Prefácio

Basta olhar as prateleiras de qualquer livraria para perceber a popularidade dos assuntos de desenvolvimento pessoal, *coaching* pessoal e *coaching* empresarial. E, claro, há muitos cursos e *workshops* para ajudar na transformação de si mesmo, da vida e da carreira pela definição de metas, planos de ação e programas motivacionais. Por que, então, precisamos de um livro novo sobre transformar a vida? Porque os livros que estão atualmente no mercado não foram escritos especificamente para mulheres e não levam em conta aquilo que as diferencia dos homens!

Sem hesitar, compramos novos livros de autoajuda para mudar nossas vidas. Nos comprometemos com os métodos, aplicamos as técnicas nos nossos processos de pensamento e nas nossas atividades, lemos as declarações motivacionais e então, duas ou três semanas depois, descobrimos que perdemos a dedicação e a motivação e que o sonho do sucesso se foi.

Por que, então, esses sistemas de desenvolvimento pessoal não funcionam bem para as mulheres? Porque as **mulheres têm algo que**

os homens não têm, e esses programas não levam em conta esse fator crucial!

O Plano Diário da Mulher Realizada é um programa de 28 dias desenvolvido especificamente para ajudar as mulheres a tomarem ciência de seus **Períodos Ideais** e das características relacionadas a eles, a aplicá-los para gerar realização e motivação e a alcançarem o sucesso e as metas que desejam em sua vida.

Quando agimos na hora certa, aplicando nossas habilidades em nosso período de pico e usando nossos talentos quando se manifestam, somos capazes de trabalhar com nossa motivação, nossa criatividade e nossos *insights* naturais para fazer as mudanças dramáticas que realmente desejamos no nosso desenvolvimento e na nossa vida profissional.

O conceito deste livro é novo em folha. É um método novo e único que mudará de maneira radical o modo que você pensa sobre si mesma e o modo que vive. Experimente o plano por 28 dias e descubra por si mesma os próprios talentos e habilidades e como aplicá-los nas situações do dia a dia, em seus projetos profissionais e na concretização de objetivos de longo prazo. Este livro vai mudar a maneira que você vê a si mesma, aumentar sua autoconfiança e ajudá-la a viver como a mulher animada, criativa e de sucesso que você realmente é.

Você se surpreenderá com o fato de que este é o único método de desenvolvimento pessoal que pode aplicar mês após mês sem perder a dedicação e a motivação para realizar seus sonhos e alcançar a realização e o sucesso.

Miranda Gray

> "Todos conhecemos o ditado: se quisermos mudar o mundo, devemos antes mudar a nós mesmos. Mas, se mudamos no decorrer do mês, significa que o mundo muda também? Sim."
> – Miranda Gray.

Capítulo 1

Por Que 28 Dias?

O que as mulheres têm que os homens não têm?

E se eu lhe dissesse que você tem um poder imenso à sua disposição? E se eu lhe dissesse que ele a empoderaria para ir além de suas expectativas diárias, promoveria a concentração e o raciocínio lógico, criaria relacionamentos melhores, aprimoraria sua capacidade de resolver problemas, ofereceria *insights* criativos e novas ideias e, por fim, geraria visão e entendimento profundos?

E se eu lhe dissesse que você não está usando uma das maiores fontes de poder que tem neste momento, que poderia fazer com que obtivesse mais sucesso no trabalho e na vida? Você se interessaria? É claro que sim!

E mais: e se eu lhe dissesse que a resposta para a pergunta "O que as mulheres têm que os homens não têm?" é o ciclo menstrual?

Aposto que por essa você não esperava!

> **O ciclo menstrual é um enorme recurso pessoal e profissional, ainda desconhecido.**

Em geral, o ciclo menstrual é visto como uma inconveniência e não uma vantagem, e os mundos dos negócios, do trabalho e do desenvolvimento pessoal ignoram completamente uma verdade fundamental sobre as mulheres: que nossos talentos mudam no decorrer do mês.

Ao contrário dos homens, temos um ciclo de mudanças mentais, físicas e emocionais que repercute na maneira como pensamos, sentimos e agimos. Há em nossos ciclos um modelo natural e intrínseco de *coaching* pessoal, com os próprios Períodos Ideais de planejamento, consolidação, ação, pensamento criativo, revisão e desligamento.

Os outros métodos de transformação pessoal e realização de objetivos erram ao forçar as mulheres a entrar em uma estrutura linear, com expectativas nada realistas sobre a permanência de nossas perspectivas e sistemas mentais e emocionais. Isso nos impede de alcançar nosso potencial máximo em uma gama muito maior de capacidades que vêm durante nossos Períodos Ideais.

Com as técnicas de desenvolvimento pessoal de hoje, somos forçadas a adotar uma forma masculina de pensar, e a semente do fracasso é plantada antes mesmo de começarmos a trabalhar rumo aos nossos objetivos. E, no mundo dos negócios, as estruturas rígidas de trabalho ignoram nossa nature-

> "Como mulher no ambiente de trabalho, achei o programa de 28 dias de Miranda Gray muito empoderador. Ele me fez aproveitar completamente meus períodos de pico e meus pontos fortes no decorrer do meu ciclo e me tornou mais capaz de relevar aqueles momentos em que não me sinto tão produtiva e enérgica. Recomendo este programa a todas as mulheres."
> – Tess, Recursos Humanos, Canadá.

za cíclica, o que faz com que os negócios percam o melhor recurso criativo que podem ter: nós!

Quando trabalhamos conscientes da manifestação dos nossos talentos e capacidades no decorrer do mês, podemos nos tornar membros excepcionalmente produtivos e perceptivos de nossa equipe de trabalho e alcançar conquistas e realizações pessoais além de nossas expectativas, na vida profissional e na vida pessoal.

> Em um mundo no qual toda empresa precisa de uma vantagem para permanecer na liderança, o uso da vasta gama de capacidades que as mulheres oferecem pode proporcionar os saltos de inspiração necessários para se manter um passo à frente da concorrência.

O que são nossos "Períodos Ideais" e como podemos usá-los?

O ciclo mensal consiste em quatro Períodos Ideais. São os dias em que manifestamos capacidades mentais específicas e ampliadas, qualidades emocionais, consciência intuitiva e aptidões físicas. Nesses dias, temos uma oportunidade única de usar nossas capacidades ampliadas de forma positiva e dinâmica para alcançar nosso potencial máximo.

> Geralmente é mais fácil se concentrar no trabalho e ser mais positiva durante as fases Dinâmica e Expressiva. Fico com mais energia e consigo fazer bastante coisa. – Barbara, professora, Reino Unido.

Quando tomamos consciência dos nossos períodos ideais e dos tipos de capacidade intensificada que eles contêm, e aplicamos essas capacidades na vida, de maneira prática, quando elas se manifestam, não só é possível descobrir novos talentos e realizar mais metas; finalmente se torna possível viver uma vida verdadeira para com nossa natureza feminina e brilhar do jeito que somos.

Apesar das generalizações que tiveram de ser feitas para a finalidade deste livro, inclusive o número de dias do plano, o plano de 28 dias a ajudará como guia para a descoberta de suas capacidades e Períodos Ideais únicos, independentemente da regularidade ou da duração do seu ciclo. O Plano Diário da Mulher Realizada pode ser usado por mulheres com ciclos naturais ou controlados com medicamentos (para mais informações, veja o *Capítulo 8*).

No decorrer do mês, a maioria das mulheres passa por diversas fases distintas. Chamo essas fases de *Fase Dinâmica, Fase Expressiva, Fase Criativa* e *Fase Reflexiva*.

> O Plano Diário da Mulher Realizada é um guia para o descobrimento de suas capacidades pessoais ampliadas e seus Períodos Ideais únicos.

Figura 1 – As fases do ciclo e os Períodos Ideais.

1. Fase Dinâmica

Ocorre após a menstruação e antes da ovulação. Pode ser o Período Ideal para o foco mental, para se concentrar, para o aprendizado, a pesquisa, o pensamento estrutural, a independência e maior resistência física.

2. Fase Expressiva

Ocorre por volta do período da ovulação e pode ser o Período Ideal para a comunicação, a empatia, a produtividade, o trabalho em equipe, apoiar os outros e criar relacionamentos interdependentes.

3. Fase Criativa

Mais conhecida como fase pré-menstrual, pode ser o Período Ideal para a criatividade, a inspiração, ter ideias inéditas, a identificação e solução de problemas e a assertividade.

4. Fase Reflexiva

É a própria fase menstrual, que pode ser o Período Ideal para o processamento interior, a revisão criativa, descobrir a causa das coisas, reestruturar, deixar para trás, ter novas ideias, o descanso e a renovação.

A maioria das mulheres tenta desconsiderar esse ciclo natural de habilidades para se adequar à estrutura do mundo moderno. Quando não conhecemos nossos Períodos Ideais, muitas vezes vemos a nós mesmas e às nossas habilidades como inconsistentes e não confiáveis, visão que pode ser a mesma de parceiros, chefes e colegas de trabalho.

Compensamos essa ideia trabalhando demais, produzindo trabalho que não faz jus ao nosso potencial máximo, ingerindo estimulantes para forçar nosso pensamento e nosso corpo a "serem como devem ser" e nos sentindo não realizadas por nossa vida ser um esforço constante para nos adequar a uma estrutura que não serve para nós. É como tentar enfiar uma peça circular em um buraco quadrado.

O *coach* pessoal natural do mês

Quando trabalhamos em nosso ciclo natural de Períodos Ideais, automaticamente obtemos as habilidades de que precisamos para criar sucesso nos objetivos pessoais e profissionais.

A maioria dos métodos de *coaching* pessoal sugere:

1. Definir um objetivo, depois pesquisar e planejar passos na direção dele.

As características da fase *Dinâmica* do ciclo são ideais para serem aplicadas a essas tarefas. Entre elas, podem estar o foco mental elevado e o pensamento estrutural.

2. Agir e construir relações que nos ajudem a alcançar o objetivo.

As características da autoconfiança, da habilidade comunicativa aprimorada, da produtividade e da sociabilidade associadas à fase *Expressiva* do ciclo podem ser usadas para fazer *networking* e gerar o apoio e o respaldo necessários para alcançar nossos objetivos.

3. Usar a criatividade para solucionar problemas ativamente e criar uma orientação clara.

A fase *Criativa* do ciclo pode ser uma fonte de inspiração e novas ideias. Sua característica de elevada intolerância ao que é supérfluo gera um foco claro para o nosso objetivo.

4. Rever o progresso feito.

A tendência à revisão e à reflexão interior da fase *Reflexiva* do ciclo faz dela o período perfeito para rever as situações e o progresso rumo ao objetivo.

Em cada ciclo mensal temos naturalmente todas as habilidades de que precisamos para nos tornarmos nossas próprias *coachs* e para criar e apoiar as mudanças e os sucessos que desejamos fazer na vida, em curto e longo prazos.

> No ciclo menstrual, temos um processo natural de *coaching* pessoal.

Usar ativamente nossos Períodos Ideais

Quando não levamos o ciclo em conta, podemos agir de maneira incompatível com as características dos nossos Períodos Ideais. Pode ser que você inicie um projeto novo em uma fase totalmente imprópria, como a Reflexiva, em vez de em um Período Ideal que contenha as capacidades mentais, emocionais e físicas adequadas para aprimorar aquilo que se deseja atingir – neste caso, a fase *Dinâmica*.

Por acaso você já começou uma nova dieta ou uma programação de exercícios e acabou por quebrá-la poucos dias depois? É muito possível que tenha começado na fase *Criativa* ou *Reflexiva*.

Também costumamos ter a expectativa irreal de que nossa capacidade é constante, o que aumenta nossa frustração e nosso nível de estresse quando não nos saímos de acordo com o esperado.

Na fase *Expressiva*, quando nos é naturalmente fácil construir e apoiar relações produtivas, ter a expectativa de que continuaremos com alto nível de concentração e foco mental da fase *Dinâmica* é algo fora da realidade.

Para alcançar nosso potencial máximo, precisamos entender nossos Períodos Ideais e usá-los ativamente, de forma prática. A resposta imediata das mulheres a essa ideia costuma ser: "Você está de brincadeira! Como se eu pudesse mudar minha vida/meu trabalho/meu (ou minha) chefe/o mundo para se adequar ao meu ciclo!".

Essa reação é perfeitamente compreensível e verdadeira. Não podemos, ainda, organizar o mundo para que se adeque aos nossos Períodos Ideais, mas podemos usar a consciência e, onde possível, a aplicação prática de nossas capacidades cíclicas ampliadas para gerar possibilidades de obter o melhor de nós mesmas. Isso nos dá a oportunidade de brilhar no trabalho, tocar projetos de sucesso e alcançar o equilíbrio de trabalho/vida pessoal que desejamos.

> **Apesar de o mundo profissional não dar suporte às características flexíveis das mulheres, podemos empregar ativamente a consciência dos nossos Períodos Ideais a fim de usar nossas capacidades da melhor maneira, para brilhar no trabalho e criar o sucesso e a experiência de vida que queremos.**

O Plano Diário da Mulher Realizada foi desenvolvido especificamente para ajudá-la a se conscientizar de seus Períodos Ideais e a usá-los de modo ativo para alcançar seu potencial máximo e atingir seus objetivos.

É importante lembrar que estamos falando de *Períodos Ideais*. Isso não significa que não possamos trabalhar ou fazer tarefas em qualquer outro momento do mês; significa apenas que, se combinar a tarefa certa com o período certo, você brilhará. Pode ser também que você se surpreenda com os novos talentos e habilidades que descobrir.

> **Se combinar a tarefa certa com o período certo, você brilhará.**

Para quem foi feito o Plano Diário da Mulher Realizada?

O Plano Diário da Mulher Realizada foi desenvolvido para qualquer mulher que queira descobrir a verdadeira profundidade de suas capacidades e como aplicá-las na prática para criar a vida que quiser. O plano inclui ações diárias que enfocam três áreas centrais da vida:

1. **Desenvolvimento pessoal:** consiste em ações que promovem a confiança, a autoestima, a criatividade, os relacionamentos, o estilo de vida e a autoaceitação e exploram o que significa ser você, aplicando os Períodos Ideais para aprimorar sua noção de bem-estar.
2. **Atingir objetivos:** ações para identificar seus verdadeiros objetivos, quais passos dar e quando dá-los, como gerar motivação e usar os Períodos Ideais para encontrar o apoio necessário para alcançar seus objetivos e realizar seus sonhos.
3. **Aprimoramento profissional:** ações que compreendem usar seu potencial máximo, identificar o trabalho certo para você, trabalhar de maneira mais eficaz e explorar o Período Ideal para cumprir tarefas e tomar decisões.

O plano pode ser usado por qualquer mulher que sinta um padrão de mudanças relacionado ao ciclo hormonal, inclusive ciclos controlados com medicamentos, isto é, com o uso de contraceptivos hormonais, além de por mulheres que tenham ciclos irregulares, incluindo as que estejam na menopausa. Se você tem ciclo irregular ou que dure menos ou mais que os 28 dias delineados no plano (e todas nós passamos por meses assim), o plano é adaptável e desenvolvido para lhe dar as ideias e a inspiração para criar seu próprio plano único, com base em suas experiências pessoais.

Como se desenvolveu o Plano Diário da Mulher Realizada?

Na década de 1990, escrevi um livro chamado *Red Moon – Understanding and Using the Creative, Sexual and Spiritual Gifts of the*

Menstrual Cycle.* Com base na experiência de mulheres e de seus ciclos menstruais, sugeri uma abordagem ao ciclo que refletisse os efeitos dele na criatividade, nos processos mentais, na espiritualidade, na sexualidade, na cura emocional e no bem-estar das mulheres.

A inspiração inicial para o livro veio da minha percepção do efeito que meu próprio ciclo tinha no meu trabalho como ilustradora autônoma, tanto criativamente quanto nas minhas habilidades empresariais. Desde a publicação de *Red Moon*, faço *workshops* e palestras na Europa e na América do Norte, e a pergunta que mais escuto é: "Para que serve o ciclo menstrual se já tive meus filhos ou não quero ter filhos ainda?".

Foram-me necessários mais de dez anos como diretora criativa de uma companhia de desenvolvimento multimídia e como praticante e facilitadora de técnicas de desenvolvimento pessoal para ser capaz de responder a essa pergunta de uma maneira que se aplicasse ao ambiente profissional do dia a dia e aos métodos de *coaching* pessoal. A resposta é o Plano Diário da Mulher Realizada.

A experiência de cada mulher com suas habilidades e seus Períodos Ideais é diferente, e este livro usa exemplos da minha experiência e da de outras mulheres para proporcionar ideias sobre o que procurar e o que experimentar. Nossos ciclos nos oferecem chaves para um estilo feminino de empoderamento, para que nos sobressaiamos no mundo masculino, e pode ser que este livro inspire uma primeira empresa ou organização a permitir que as mulheres trabalhem ativamente com esse material!

O ciclo menstrual sempre foi parte da sociedade e da cultura, e agora ele está de volta, mas, dessa vez, armado e perigoso!

---

* *Lua Vermelha – As Energias Criativas do Ciclo Menstrual Como Fonte de Empoderamento Sexual, Espiritual e Emocional*, publicado pela Editora Pensamento, São Paulo, 2017.

> Quando usar o plano, você passará a ver seu ciclo como um recurso prático para o desenvolvimento e a realização.

Nos capítulos a seguir, vou lhe mostrar como usar de maneira prática os quatro Períodos Ideais na vida diária, no trabalho e como recurso para criar e atingir seus objetivos. Também vou apresentar o plano e mostrar como fazer com que ele funcione para você.

Resumo:

- O ciclo menstrual é uma fonte abundante e intocada de capacidades de valor inestimável que podem ser empregadas ativamente para aprimorar nossa vida e nossa carreira e para nos ajudar a atingirmos os objetivos que desejamos.
- Nossos ciclos podem ser divididos em quatro fases, que contêm tipos específicos de capacidades e percepções: a fase *Dinâmica*, a fase *Expressiva*, a fase *Criativa* e a fase *Reflexiva*. Nosso ciclo mensal consiste em um padrão alternante de capacidades ampliadas.
- Cada fase é um Período Ideal para habilidades e ações específicas. Quando usamos essas habilidades nos Períodos Ideais, somos capazes de obter melhores resultados do que obteríamos em outras fases.
- O ciclo menstrual tem em si uma estrutura natural de orientação pessoal. Podemos usar nossos ciclos para apoiar a realização de nossos objetivos por meio do planejamento, da ação, do estabelecimento de conexões com outras pessoas, do pensamento criativo e da revisão.
- O Plano Diário da Mulher Realizada ajudará você a reconhecer suas habilidades naturais no decorrer do mês e lhe oferecerá ideias práticas sobre como usar essas habilidades em seu proveito. Também ajudará você a planejar, em harmonia com

as fases, suas ações no trabalho e lhe mostrará como fazer uso do aspecto de *coaching* pessoal do seu ciclo.
- O plano pode ser usado por toda mulher que tenha ciclo hormonal, quer seja natural, quer seja controlado com medicamentos. Ele é flexível o bastante para abranger ciclos irregulares ou de duração superior ou inferior a 28 dias.
- Seu ciclo é um recurso prático para o desenvolvimento e a realização pessoal e profissional.

> "Queria ter lido isto anos atrás. Compreender que o ciclo menstrual é mais profundo do que pensamos significa que agora posso trabalhar com ele em vez de combatê-lo. Comecei o plano e já estou planejando meu próximo mês." – Amanda, terapeuta, Austrália.

Capítulo 2

Como Usar Este Livro

Sei que haverá muitas leitoras que vão querer começar logo de cara o plano Diário da Mulher Realizada, e não há motivo para que você não possa ir diretamente para o plano no *Capítulo 9*. No entanto, trabalhando com mulheres sobre as ideias do plano, cheguei à conclusão de que entender melhor as mudanças relacionadas a cada Período Ideal e ver mais exemplos de maneiras práticas de empregar as habilidades relacionadas as ajudou a entender o que procurar à medida que passavam por seus ciclos. Além disso, há diversas maneiras fundamentais de abordar o plano que podem auxiliar a torná-lo, mais rapidamente, parte ativa da vida diária.

A seção a seguir, *As chaves para o sucesso em 28 dias*, aponta diretrizes para a melhor abordagem ao se trabalhar com o Plano Diário da Mulher Realizada, e o *Capítulo 3: Conhecendo suas fases* contém uma visão geral do ciclo e de como ele funciona.

Quando entendemos o que acontece conosco durante nosso ciclo, fica mais fácil aceitar nossas mudanças, apreciá-las e encontrar formas únicas e divertidas de aplicá-las na vida diária. Os respectivos capítulos de cada uma das fases as exploram em detalhes, passando pelas mudanças mentais, emocionais e físicas que podemos manifestar, e oferecem estratégias práticas sobre como usar as habilidades presentes nos Períodos Ideais. Os capítulos também tratam de como evitar expectativas e ações que entrarão em conflito com a fase – sempre é bom saber o que não fazer, assim como o que fazer.

> **Sempre é bom saber o que não fazer, assim como o que fazer!**

O Plano Diário da Mulher Realizada funciona como guia inicial que ajudará você a descobrir as próprias habilidades de cada Período Ideal e como usá-las para seu melhor proveito. Você pode optar por usar o plano da maneira que é apresentado ou, depois de experimentá-lo por um ciclo, pode decidir criar seu plano adequado ao seu ciclo único. Para ajudá-la a fazer isso, o *Capítulo 10: Cumpri o plano, e agora?* mostra como criar um registro mais aprofundado de suas capacidades cíclicas usando o *Diagrama do Ciclo*. Seu Diagrama do Ciclo pode se tornar um mapa do poder para aproveitar da melhor maneira seu ciclo e o melhor guia para liberar seu potencial para o sucesso, atingir seus objetivos e ser feliz.

As chaves para o sucesso em 28 dias

Há cinco abordagens-chave que precisamos aplicar ao nosso ciclo para usarmos nossas capacidades ampliadas nos Períodos Ideais, de maneira que não só seja aplicável à vida diária, mas que funcione de verdade.

As abordagens-chave são:

> Chave 1: Consciência
> Chave 2: Planejamento
> Chave 3: Confiança
> Chave 4: Ação
> Chave 5: Flexibilidade

Chave 1: Consciência

> "Um mês muito interessante, que me fez tomar consciência de que algumas capacidades físicas, mentais e emocionais são ligadas a um ciclo." – Melanie, professora, Reino Unido.

A consciência é a chave mais importante para libertar nossos talentos potenciais e para trabalharmos as capacidades ampliadas dos nossos ciclos, além de ser o fator subjacente de todas as outras chaves.

Para atingir nosso máximo potencial e talvez descobrir novos talentos, precisamos ter consciência das mudanças do nosso corpo, das nossas aptidões mentais e qualidades emocionais no decorrer de cada mês.

Se não nos dermos conta de cada coisa que achamos fácil ou difícil no decorrer do nosso ciclo, não haverá como sabermos quando nossas habilidades estarão em em alta, e deixaremos de aproveitar os poderosos recursos que os Períodos Ideais oferecem. Pode ser que fracassemos em nossos projetos, em nossos objetivos e em nossas tarefas simplesmente por fazermos a coisa errada na hora errada.

Ter consciência de nós mesmas não só nos ajuda a realizar mais e operarmos melhor, mas também faz crescer nossa autoconfiança e autoestima. Nos ajuda a descobrirmos nosso verdadeiro "eu" e a entender que ser "inconsistente" não é um aspecto negativo de ser mulher, mas, sim, algo que melhora a vida e nos empodera.

Chave 2: Planejamento

A consciência de nossos Períodos Ideais, por meio do uso do plano por alguns meses, nos faz perceber de maneira concreta que nossas capacidades são cíclicas; que ocorrem por volta do mesmo período em cada mês.

Essa revelação maravilhosa nos possibilita planejar como vamos usar nossas capacidades ampliadas em nosso benefício no mês seguinte. Podemos planejar usá-las de maneira dinâmica para beneficiar nosso desempenho nas tarefas diárias, produzir resultados melhores no trabalho ou aplicá-las aos nossos sonhos e objetivos para fomentar nosso progresso. Podemos definir metas para o mês seguinte; no entanto, ao contrário do *coaching* pessoal tradicional, definimos as nossas metas em harmonia com nosso ciclo.

> O plano, com nosso diário, torna-se uma ferramenta poderosa para atingirmos o sucesso e a realização pessoal.

O planejamento nos permite definir tudo com antecedência para que tenhamos todas as informações necessárias ou todas as peças no devido lugar, no momento correto, para completar a tarefa em questão de forma rápida e eficiente. Nossas capacidades ampliadas, portanto, são direcionadas para a tarefa em vez de serem desperdiçadas na tentativa de tentar organizar tudo o que é necessário.

O planejamento, no entanto, depende de confiança. Temos de confiar que, se deixarmos para fazer um trabalho na semana que vem, quando esperamos estar com certas capacidades ampliadas, elas aparecerão. Quando um Período Ideal para uma tarefa começa logo antes do fim do prazo, pode ser um verdadeiro desafio.

Chave 3: Confiança

Uma das coisas mais difíceis quando começamos a trabalhar com nossos Períodos Ideais é confiar em que as capacidades "mágicas" aparecerão. Por outro lado, também temos de saber que esse nível de capacidade intensificada não permanece para sempre; temos, portanto, de confiar que podemos trabalhar de maneira eficaz com nossas habilidades à medida que mudam.

A consciência é necessária, bem como a experiência de transformá-la em planos e nas ações, para que sejamos capazes de confiar no processo pelo qual passamos todos os meses. A recompensa dessa confiança costuma ser surpreendente – talvez descobrir uma nova capacidade ou atingir algo além das nossas expectativas.

Confiar significa que, onde for possível, deixamos as tarefas para serem feitas durante seu Período Ideal. Pode ser algo muito difícil, principalmente em situações de pressão, em que o ato de deixar a tarefa para depois pode passar a impressão de que ela tem baixa prioridade. Na verdade, estamos dando a ela nossa mais alta prioridade ao deixá-la esperando até que chegue nosso Período Ideal. Quando confiamos em nossas capacidades, nossos colegas de trabalho confiarão nelas também, porque produzimos um bom trabalho e o entregamos no prazo. Devemos simplesmente ser mais assertivas sobre a escala temporal dos trabalhos.

Como toco meu próprio negócio, podem pensar que para mim é fácil, uma vez que posso organizar minha própria vida profissional. É e não é. Sim, é um pouquinho mais fácil para mim ser um tanto mais flexível no que diz respeito à maneira com que trabalho, mas ainda assim tenho de cumprir prazos definidos por outras pessoas, sejam clientes, fornecedores ou colegas. Tenho de comparecer a reuniões, escrever relatórios e me comunicar com o mundo, tudo isso em momentos que não são ideais para essas tarefas. Quando é possível, tento programar as tarefas para coincidirem com minhas capacidades ampliadas, mas isso nem sempre é possível. Isso não significa que eu não consiga fazer o trabalho a qualquer outro momento do mês; significa apenas que simplesmente não estarei trabalhando com meu potencial máximo.

Temos de confiar em nossos Períodos Ideais o suficiente para dizer a nós mesmas: "Sim, sei que é urgente, mas minhas habilidades ideais vêm na semana que vem. Deixarei para a semana que vem, mas ficarei atenta caso as habilidades apareçam antes. Lembre-se: a última vez que posterguei uma tarefa até chegar o Período Ideal fiz muito mais em muito menos tempo".

Quanto mais trabalharmos com nossos Períodos Ideais, mais confiaremos em nossa capacidade de atingir objetivos e criar o sucesso, e mais as pessoas ao nosso redor confiarão na maneira única com que lidamos com as tarefas.

Chave 4: Ação

A única maneira com que vamos confiar em nossas capacidades cíclicas é dando os passos certos durante o Período Ideal. Temos de colocar o conceito em prática para poder sentir os efeitos únicos que os Períodos Ideais têm sobre nós.

O plano é desenvolvido para lhe dar ideias e sugestões de ações por 28 dias, em três áreas específicas da vida: *desenvolvimento pessoal*, *realização de objetivos* e *aprimoramento profissional*.

Você pode escolher as ações diárias para cada área específica e passar um mês experimentando-as ou pode selecionar uma ou mais ações para experimentar a cada dia.

É importante tentar aplicarmos nossas capacidades do Período Ideal de maneira prática, mesmo que seja em coisas pequenas. Por exemplo, é possível que sintamos um nível maior que o comum de foco e concentração mental durante a fase *Dinâmica*. Então, por que não usarmos esse tempo para fazer contabilidade e verificar nossos esquemas financeiros e nossas compras, talvez em busca de melhores negócios ou preços? Nessa fase, ficamos com maior capacidade de processar informações complexas, de descobrir erros, fazer cálculos e entender as letras miúdas. Além disso, o processo leva menos tempo e há menos possibilidade de ficarmos entediadas.

Quando não agimos durante nossos Períodos Ideais, perdemos oportunidades de sentir nosso nível mais elevado de capacidade (o que, por sua vez, levaria a uma confiança mais alta em nossas habilidades) e desperdiçamos oportunidades valiosas de concluir tarefas com rapidez e facilidade.

> Talentos potenciais se tornarão habilidades de fato.

Chave 5: Flexibilidade

É necessário ter flexibilidade, porque não somos máquinas. A duração total do ciclo pode mudar e ele pode se tornar mais regular ou mais irregular, fazendo variar a duração de cada Período Ideal. Além disso, não há sempre um ponto distinto em que nossas capacidades ampliadas mudam de uma hora para outra (apesar de que isso pode acontecer). É mais comum que nossas habilidades aumentem aos poucos no início da fase e então evoluam lentamente para se tornar as habilidades da próxima fase. Todo nosso planejamento pode dar a impressão de ter sido arruinado por um ciclo que seja alguns dias mais curto ou uma semana mais longo que o normal.

Ter flexibilidade significa não entrar em pânico e aceitar que a hora exata de nossas capacidades ampliadas mudou e, com base em nossa consciência e experiência, procurar uma maneira de usar as capacidades do nosso Período Ideal para fazer progresso. Significa pegar o diário e fazer um novo plano para a próxima vez que aparecer o Período Ideal.

Veja um exemplo:

No momento em que escrevo esta seção, estou de férias em Portugal. Para obter o melhor preço para as passagens, minhas férias teriam de coincidir com minhas fases *Criativa* e *Reflexiva*. Mesmo se tratando de férias, ter "consciência" significa que eu sabia que minha fase criativa seria o melhor momento para escrever, e "confiança" e "ação" significam que eu havia planejado usar esse Período Ideal para escrever.

No segundo dia de férias, achei que seria melhor começar a escrever, acreditando que teria, ainda por vir, uma semana inteira como Período Ideal. Mas adivinhe: meus hormônios mudaram e, ao que parece, entrei cedo demais na minha fase *Reflexiva*.

Então me lembrei de que, durante a preparação da viagem, eu sabia que estava pronta para escrever, mas com tanta coisa para organizar antes de viajar ignorei isso, confiante nas datas do diário e no planejamento. Meu corpo, no entanto, estava me dizendo que eu já estava no meu Período Ideal.

Como fico, então? Livre para aproveitar as férias sem a pressão de ter de escrever? Nada disso. Estou escrevendo, mas estou apenas anotando as ideias, os *insights* e os conceitos que brotam da minha fase *Reflexiva*. Depois, na minha fase *Dinâmica*, vou rever todos os pedaços de papel que estão agora espalhados pelo apartamento que alugamos para as férias e os juntarei, criando uma estrutura para a parte central do próximo capítulo. Na minha próxima fase *Criativa*, vou escrever o texto e talvez ficarei mais atenta às mudanças do meu corpo.

Nesse meio-tempo, farei minhas profundas reflexões deitada na praia!

Acho que agora é possível ver como as cinco chaves funcionam em conjunto. À medida que eu apresentar o Plano Diário da Mulher Realizada, lhe darei ideias sobre os tipos de ação prática que podem ser feitos em harmonia com os Períodos Ideais. Porém, se o seu Período Ideal mudar inesperadamente como o meu, sempre é possível adiantar o plano.

Quanto mais são aplicadas nossas capacidades ampliadas, mais conscientes nos tornamos da maneira com que abordamos os problemas, as tarefas e os objetivos. Em vez de se sentir mal pelo fato de alguma habilidade ampliada ter ido embora, ou de desejar ter sempre esse nível mais alto de habilidade, você se perguntará como poderá aplicar às tarefas suas novas habilidades do Período Ideal. Pode ser até que alcance maiores *insights* e conquistas do que alcançaria se fosse igual o tempo todo.

Resumo

- Você pode começar imediatamente a colocar o plano em prática.
- Para aproveitar o plano ao máximo, é bom reconhecer as melhores abordagens, entender melhor o ciclo e ter uma ideia dos tipos de capacidades ampliadas e de como aplicá-las.
- A **consciência** de nossas mudanças físicas, mentais e emocionais no decorrer dos meses nos ajuda a descobrir quando podem se manifestar nossas capacidades ampliadas e pode até nos levar a descobrir novos talentos.
- **Ter consciência de nós mesmas** nos ajuda a nos sairmos melhor e a realizarmos mais, assim como aumenta a autoconfiança e a autoestima.
- **Planejar** tendo em vista nossas fases de capacidades ampliadas nos permite combinar as tarefas com seus Períodos Ideais, fazendo-nos alcançar nosso máximo potencial, produzir os melhores resultados e concluir essas tarefas de forma rápida e eficiente.

- **O plano**, usado ao lado do nosso diário, torna-se uma ferramenta poderosa para alcançar o sucesso e a realização pessoal.
- Fazer a **ação** correta durante o Período Ideal correto nos permite perceber em nós mesmas o poder e a variedade de nossas capacidades ampliadas. Talentos potenciais se tornam habilidades aplicáveis.
- **Aplicar e praticar** nossas habilidades por meio de ações nos deixa mais dispostas a postergarmos as tarefas para os Períodos Ideais apropriados, porque temos ciência de quanto isso será mais fácil e rápido.
- A **confiança** em nossas capacidades ampliadas nasce do processo de aproveitar os resultados, às vezes incríveis, de aplicá-las na prática para alcançar objetivos e concluir tarefas e da autoconfiança resultante de saber, por meio da "consciência", quando elas se manifestam ou se transformam.
- Ser **flexível** e capaz de se adaptar quando as coisas não acontecem segundo o plano consiste em reconhecer que nossas capacidades ampliadas fazem parte de fases cíclicas e em decidir como as habilidades ampliadas que percebemos podem ser aplicadas da melhor maneira às tarefas em questão.
- Sempre teremos **outra oportunidade** de usar alguma habilidade ampliada específica no mês seguinte.

> "*A Mulher Realizada* permite que a mulher entenda por que ela não é sempre igual, e sim cíclica. Com essa consciência, podemos usar nossos Períodos Ideais de energia, criatividade, os que favorecem o cultivo de relacionamentos e os que favorecem a solidão, para beneficiar a saúde, a família e a carreira. Sou profundamente grata à Miranda por seu trabalho inspirador." – Zahra Haji, Deusa do Yoga, Canadá.

Capítulo 3

Conhecendo suas Fases

O ciclo do corpo

A maioria das mulheres sabe que nosso ciclo menstrual gira em torno de dois períodos de pico: a liberação do óvulo durante a ovulação e a liberação do revestimento uterino durante a menstruação.

Enquanto a menstruação é óbvia para todas e a fase pré-menstrual é bastante óbvia para aquelas que têm TPM, menos mulheres têm consciência de suas mudanças durante a fase da pré-ovulação e da ovulação. A falta de consciência so-

> **O ciclo mensal do corpo**
> **Menstruação:**
> Aproximadamente entre os dias 1 e 5: o útero solta o revestimento velho.
> **Pré-ovulação:**
> Aproximadamente entre os dias 6 e 11: um óvulo se desenvolve nos ovários, o revestimento uterino fica mais espesso e o nível hormonal aumenta.
> **Ovulação:**
> Por volta dos dias 12 a 16: um óvulo amadurece e é liberado, pronto para ser fertilizado.
> **Pré-menstruação:**
> Aproximadamente entre os dias 17 e 28:
> o nível hormonal diminui. O óvulo, caso esteja fertilizado, se instalará no revestimento uterino.

bre essas fases gera a falsa impressão de que a menstruação é um evento isolado que se repete todo mês, e não uma fase em um ciclo de mudanças mensais. Quando temos TPM e sintomas menstruais dolorosos ou perturbadores, ficamos com a impressão de que somos "normais" a maior parte do tempo, mas sofremos de uma doença que nos torna "anormais" alguns dias, todo mês. Quando vemos o ciclo menstrual dessa forma, perdemos o conceito de "ciclo". Ele passa a ser definido como um único evento anormal que se repete em nossos diários.

Nos esquecemos de reconhecer que interpretamos o "normal" das mulheres como "anormal". Também deixamos de reconhecer que há fases no ciclo que se manifestam na vida diária como formas diferentes de pensar, diversas habilidades e capacidades e necessidades distintas. Também perdemos a oportunidade de nos conscientizar de que nosso ciclo é um fluxo constante de mudanças e que nunca pausamos o processo de entrar na próxima fase ou sair da última fase de quem somos.

Em geral, realmente não gostamos de não sermos a mesma pessoa semana após semana e costumamos ser alheias a muitas mudanças em nosso corpo e aos efeitos delas sobre nossos pensamentos, nossas capacidades, nossos sentimentos e nossas necessidades.

Por exemplo, nosso limiar de tolerância à dor muda no decorrer do mês. A visão e a audição podem mudar; a frequência cardíaca, a resistência física, a coordenação e a noção espacial, o tamanho e a consistência dos seios, a composição da urina, a temperatura corporal e o nosso peso – todas essas coisas podem variar.

> "Ao ler o que escrevi, fiquei muito surpresa com quanto mudo no decorrer do mês."
> – Melanie, professora, Reino Unido.

Essas diferentes mudanças afetam não só a energia e a resistência física e nossa maneira de pensar, mas também o relacionamento entre nossos níveis consciente e subconsciente de percepção. Nosso comportamento, conjunto de habilidades, sexualidade e espiritualidade, todas essas coisas podem mudar no decorrer do mês, mas ainda assim fomos ensinadas a ter a expectativa de ser a mesma pessoa, com as mesmas características, o tempo todo.

Do ponto de vista da natureza, o ciclo menstrual existe para restaurar nossa fertilidade todos os meses. Ele nos dá a oportunidade de engravidar. As mudanças físicas, mentais e emocionais pelas quais passamos têm o propósito de nos preparar para a gravidez; porém, quando a gravidez não acontece, as mudanças causadas pelo ciclo menstrual desempenham papel diferente, mas igualmente importante. Infelizmente, é esse papel que passa sem ser reconhecido pela visão limitada atual sobre o propósito do ciclo menstrual.

Se não engravidarmos, ou se já tivermos um bebê, ou se não quisermos ter uma família, as mudanças inerentes ao ciclo menstrual existem para que criemos vida de outra maneira. Elas existem para nos ajudar a criar relacionamentos, comunidades, estruturas, crescimento, objetivos e planos, sucesso e realização, harmonia, arte, religião, ciência e futuro.

Nosso ciclo é uma reserva poderosa de habilidades e capacidades feita para que as mulheres criem cultura e sociedade, e é nossa cultura e sociedade que cultivarão as gerações futuras e criarão o futuro. Mas o ciclo não é apenas altruísta; ele proporciona às mulheres as habilidades e a aptidão necessárias para que deixem sua marca no mundo, alcancem e gerem sucesso e realização pessoais. A natureza não deseja que sejamos apenas máquinas de procriar; em vez disso, ela nos apoia em nossa individualidade e em nossos sonhos e objetivos, com diferentes capacidades, nas quatro fases do ciclo menstrual.

> Em essência, o ciclo menstrual existe para criarmos a sociedade e a cultura e para nos apoiar em nossos objetivos e sonhos pessoais.

O que você quer dizer ao dizer que mudo todo mês?

Vim falando até agora sobre as "quatro fases" do ciclo menstrual, mas elas não têm barreiras rígidas; a distinção é feita simplesmente para ajudar a comparar e estabelecer contraste entre as semanas. No Plano Diário da Mulher Realizada, dividir o ciclo em fases definidas facilita para nós a comparação entre as fases e a descoberta de mudanças difíceis de identificar no dia a dia.

As fases, na verdade, manifestam-se como mudanças graduais entre os conjuntos de energias, capacidades e percepções. Por exemplo, o início da fase *Expressiva* (fase da ovulação) é uma mistura das capacidades e energias de nossa fase *Dinâmica* (fase pré-ovulatória) com as características da fase *Expressiva*. As capacidades da fase *Dinâmica* diminuem, enquanto as da fase *Expressiva* se intensificam.

Isso pode parecer muito confuso à primeira vista, mas há dois modelos que podemos utilizar para facilitar um pouco a compreensão do ciclo menstrual e para nos ajudar a tomar ciência das mudanças que ocorrem conosco.

Quando observamos nosso ciclo, descobrimos duas fases que parecem focar mais na ação e no "fazer" e duas que se manifestam de maneira mais passiva e mais alinhadas com o ato de "ser". Também percebemos que há duas fases mais voltadas ao mundo exterior e ao raciocínio e duas que enfocam mais o mundo subconsciente e a intuição.

Modelo ativo-passivo do ciclo menstrual

Passiva e extrovertida

Dia 14 — Dia 21

Fase expressiva
Ovulação

Ativa — Fase dinâmica / Pré-ovulação — Fase criativa / Pré-menstruação — Ativa

Fase reflexiva
Menstruação

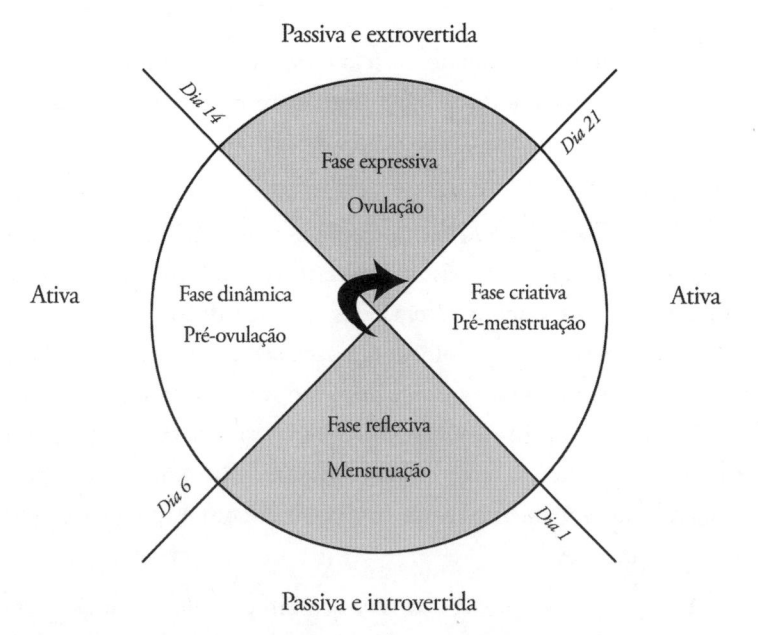

Dia 6 — Dia 1

Passiva e introvertida

Figura 2 – Ciclo ativo/passivo.

Em nosso ciclo menstrual, passamos por duas fases que costumam ser mais voltadas à ação, seguindo o ego – a fase *Dinâmica* (da pré-ovulação) e a fase *Criativa* (da pré-menstruação). Na fase *Dinâmica*, pode se manifestar em nós uma centelha renovada de energia física após a menstruação, bem como a empolgação, a força de vontade e a motivação para fazer as coisas acontecerem. Podemos sentir uma forte necessidade ou desejo de fazer mudanças e agir, mas, à medida que nos aproximamos da fase *Expressiva*, essa necessidade começa a diminuir e passamos a aceitar mais as situações.

De forma parecida, na fase *Criativa*, muitas vezes sentimos surtos de atividade física e uma necessidade impulsionadora de criar ou "fazer algo". Essa necessidade de agir é frequentemente seguida de uma frustração crescente, uma vez que nossa resistência física vai diminuindo aos poucos à medida que nos aproximamos da fase *Reflexiva*.

Uma maneira de entender o ciclo menstrual é vê-lo como as marés. A fase *Expressiva* é nossa maré alta; a fase *Reflexiva* é a baixa; e a *Dinâmica* e a *Criativa* são as correntes de ação das marés montante e vazante.

As fases *Expressiva* e *Reflexiva*, como as marés alta e baixa, respectivamente, são fases mais passivas. Nelas, não há zelo nem urgência para fazer as coisas acontecerem, mas, em vez disso, elas oferecem uma característica mais acolhedora, paciente e cultivadora. A fase *Expressiva* traz estabilidade e um descanso bem-vindo da força motivadora da nossa vontade e do ego. Como a maré alta, essa fase vem cheia de plenitude e energia potente, que facilita apoiar outras pessoas, criar relacionamentos e nos conectarmos com o mundo exterior de forma empoderada.

A fase *Reflexiva* é nossa maré baixa; é um período em que a energia física, o ego e a motivação se retraem. O espaço para as marés futuras só se abre com o baixar das águas durante a maré baixa. É nosso momento de descansar, deixar os cuidados do mundo e recarregar a energia.

Vamos percorrer um ciclo para ver como esse modelo funciona na vida diária e como podemos usar os Períodos Ideais na prática.

Você, ativa e passiva:

1. Fase Reflexiva: Passiva

Aproximadamente entre os dias 1 e 6 (durante a menstruação)

A menstruação é um período em que podemos ficar com menos resistência física e maior necessidade de sono, e em que a capacidade mental para a memória e a concentração fica mais baixa. É possível descobrir que não conseguimos encarar atividades, ou que agir exige mais esforço e força de vontade. Pode ser que nos vejamos olhando para fora da janela, letárgicas, desconectadas do mundo e da noção de urgência que costuma alimentar nossos dias.

Podemos ficar mais tolerantes e flexíveis, mais capazes de encontrar soluções de meio-termo e de deixar de lado nossos desejos e nossas necessidades.

Essa fase passiva é o Período Ideal para desacelerar, cultivar o corpo e dar-lhe espaço para descansar e se renovar. É o momento de parar de ligar para as coisas, de ser simplesmente o que somos no instante presente, de ser criativas e devanear, de seguir o fluxo e nos reconectarmos com o que é importante para nós.

2. Fase Dinâmica: Ativa

Aproximadamente entre os dias 7 e 13

Assim que a menstruação começa a terminar, saímos daquele estado que parece uma hibernação. A lentidão deixa nosso corpo, e ele fica com muito mais energia e resistência. Mais uma vez, nos sentimos motivadas para agir tanto física quanto mentalmente.

> "(*Dia 8. Fase dinâmica*)
> O foco e os momentos de atenção vão bem. Multitarefas, mais fácil. Capacidade de gerenciar pessoas – escutar ativamente e validar – vem com mais facilidade. Capacidade de pensar com lógica." – Déborah, estilista assistente de uma casa de moda, França.

Com o intelecto mais afiado, tarefas que não conseguíamos cumprir durante a menstruação podem ser feitas rapidamente, e nos tornamos mais capazes de fazer escolhas precisas e lógicas.

Podemos sentir um forte impulso de fazer mudanças no mundo para satisfazer à nossa necessidade de ação, impacto, resultados e controle, e de fazer as coisas acontecerem da maneira que queremos.

Essa fase ativa é obviamente o Período Ideal para começar novas rotinas de vida, para fazer mudanças pessoais e no trabalho, para iniciar novos projetos e começar a agir.

3. Fase Expressiva: Passiva

Aproximadamente entre os dias 14 e 20

À medida que entramos no período próximo à ovulação, nosso nível de resistência física, força de vontade e motivação começam a mudar. Passamos a ligar menos para a ação, ficamos menos assertivas e menos determinadas a completar nossos projetos e a satisfazer às nossas necessidades pessoais. Ficamos mais gentis, mais conscientes das necessidades dos outros e mais capazes e dispostas a apoiar as pessoas e nos conectarmos a elas.

Ainda temos um bom nível de energia física, mas, ao contrário da fase *Dinâmica*, nossas emoções e nossos relacionamentos emocionais se tornam mais importantes.

Essa fase é o Período Ideal para apoiar projetos em vez de liderá-los, para nos relacionarmos com outras pessoas e gerarmos resultados como equipe, não como indivíduos. Para algumas mulheres e culturas, as energias e capacidades dessa fase definem o significado de ser mulher.

4. Fase Criativa: Ativa

Aproximadamente entre os dias 21 e 28

Aos poucos, a fase *Expressiva* se transforma na fase que muitas mulheres consideram ser a mais difícil: a pré-menstrual.

> "Mês passado revirei minhas coisas e tirei três sacos de tralhas. Quando olhei a data, vi que estava na minha fase Criativa!" – Yassmin, assistente jurídica, Reino Unido.

Como na fase *Dinâmica*, nos focamos mais em nós mesmas e podemos sentir desejo e motivação muito fortes para fazer as coisas. Diferente da fase *Dinâmica,* essa pode ser uma fase em que a energia e a resistência física diminuem e em que as emoções e as paixões se intensificam.

Nessa fase, nossa capacidade criativa não se limita a criar coisas; também inclui criatividade mental. No entanto, lembre-se de que nosso processo de pensamento pode facilmente sair de controle e nos deixar temerosas e ansiosas, carentes, críticas e questionadoras.

O que é surpreendente é que esse pode ser o Período Ideal mais potente. É um ótimo momento para usar a intolerância para alimentar a limpeza da tralha mental, emocional e física. É incrível como tantas mulheres começam a limpar e arrumar as coisas freneticamente antes da menstruação! A capacidade da mente de criar, extrapolar e imaginar faz desse momento uma ótima oportunidade para ter ideias inéditas, momentos de "eureca!" e ideias inspiradoras.

Por fim, à medida que entramos na fase menstrual, desaceleramos física, mental e emocionalmente, o que nos facilita a renovação.

Podemos ver nesta apresentação do ciclo que há momentos em que podemos manifestar energias mais ativas e momentos em que nossas energias ficam mais passivas. Portanto, faz sentido usar as fases ativas para fazer as coisas acontecerem e as passivas, mais amenas, para apoiar e cultivar nossos projetos, nós mesmas e nossos relacionamentos.

Quando criamos a expectativa de ter a energia e as capacidades das fases ativas durante uma fase passiva, podemos acabar gerando muita tensão interna, frustração e estresse. De maneira parecida, se nos forçarmos a ser passivas, pacientes e empáticas durante uma fase ativa, também podemos gerar estresse. Em ambos os casos, estaríamos batalhando contra nós mesmas para ser de um jeito que não somos.

> Quando nos permitimos ser aquilo que realmente somos, qualquer que seja a fase em que estivermos, serão gerados sentimentos de autoaceitação, validação e autoconfiança.

Combinar nossas ações e expectativas com o fluxo de ação e as fases passivas do nosso ciclo pode nos libertar do estresse interno resultante de combater a nós mesmas e gerar sentimentos de autoaceitação, validação e autoconfiança.

Dividir o ciclo menstrual em duas fases ativas e duas de energia passiva não é a única maneira de ver nosso ciclo. Também podemos vê-lo como um fluxo entre a nossa percepção consciente do mundo exterior e a percepção subconsciente do mundo interior.

Modelo consciente e subconsciente do ciclo menstrual

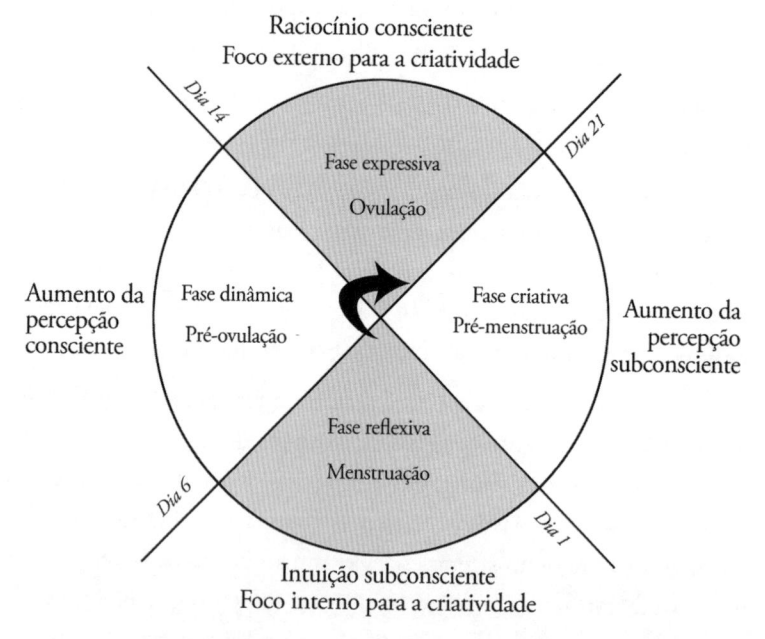

Figura 3 – Ciclo consciente/subconsciente.

Quando observamos nossas experiências no decorrer dos meses, percebemos que podemos dividir o ciclo em duas metades: uma mais focada no pensamento racional e no mundo externo e uma em que ficamos mais focadas internamente, no nosso mundo intuitivo e subconsciente.

As duas fases com foco externo, em que os processos racionais de pensamento ficam mais fortes e nossa consciência e nossos pensamentos ficam mais focados no mundo exterior, são a fase *Dinâmica* (da pré-ovulação) e a fase *Expressiva* (da ovulação).

As duas fases com foco interno, em que nossa percepção do mundo intuitivo e subconsciente fica mais forte, são as fases *Criativa* (da pré-menstruação) e *Reflexiva* (da menstruação).

Para entendermos melhor essa divisão, podemos compará-la com a imagem das fases da lua. As fases *Dinâmica* e *Expressiva* são equivalentes à lua crescente e cheia, quando a luz e o mundo externo (ou visível) dominam, ou são dominantes.

A fase *Expressiva* é quando nosso brilho para o mundo está no pico.

As fases *Criativa* e *Reflexiva* são equivalentes à lua minguante e nova (oculta), quando a escuridão e o mundo invisível do subconsciente e da intuição dominam, ou são dominantes.

A fase *Reflexiva* é o momento de nos retirarmos para as profundezas do nosso ser, sob os pensamentos do dia a dia. Como a lua, transitamos entre os reinos da luz e da escuridão, do pensamento racional e da percepção subconsciente.

Isso pode soar um pouco esquisito, mas é importante para entendermos e usarmos os poderosos Períodos Ideais do ciclo para gerarmos não só realização, bem-estar e sucesso, mas também para descobrirmos e usarmos talentos incríveis que não sabíamos que possuíamos.

Minha consciência de minhas capacidades cíclicas veio do meu trabalho. Nunca me considerei escritora; era, em primeiro lugar, artista, alguém que pensava por imagens, e não por palavras. No entanto, descobri que consigo escrever na minha fase pré-menstrual. Quando estou "no momento", as palavras fluem com facilidade, e o que escrevo sempre me surpreende, principalmente quando volto a ler em alguma outra fase.

É um talento belo e maravilhoso que nunca soube que possuía até que passei a não procurar consistência, mas a olhar para minha inconsistência e para o que eu poderia fazer com ela. Espero que, à medida que você trabalhar com o Plano Diário da Mulher Realizada, encontre seus próprios talentos surpreendentes!

> Quando deixar de buscar consistência e passar a procurar o que pode fazer com sua inconsistência, prepare-se para se surpreender!

Como, então, esse modelo se manifesta na vida diária e como podemos usar esses Períodos Ideais na prática?

Durante as fases *Criativa* e *Reflexiva*, onde o subconsciente fica mais imediato que a mente consciente, é muito mais fácil termos aqueles incríveis momentos intuitivos de "eureca!", em que ideias, soluções criativas e percepções parecem nos vir do nada.

> *"(Fase Reflexiva)* Época de sonhar e planejar o futuro."
> – Natasha, bibliotecária assistente, Reino Unido.

Na fase *Criativa*, com sua energia e motivação, pode se manifestar a incrível capacidade de tirar conceitos do éter, fazer associações, comunicar calorosamente nossas crenças, ideias e projetos e operar com uma ideia tão diferente que as pessoas não conseguem acompanhar. É um momento empolgante? Com certeza!

A fase *Criativa* é vista como negativa por causa da perturbação emocional e mental, mas é uma fase poderosa para mudar, crescer e para a cura.

Durante essa fase, à medida que o subconsciente se torna mais dominante, nossas emoções reprimidas e bloqueadas e nossas questões mentais penetram na consciência do dia a dia. De uma hora para outra, sentimos emoções e temos pensamentos que parecem surgir do nada.

No entanto, em vez de ser algo negativo, esse processo gera um poderoso Período Ideal para descobrirmos nossos problemas mais profundos. Ele nos oferece a oportunidade de nos conscientizarmos de problemas que nosso subconsciente precisa que validemos e processemos para crescermos de forma positiva, com bem-estar.

Depois da fase *Criativa*, a fase *Reflexiva* pode parecer mais amena, e, muitas vezes, interagimos na vida diária de maneira completamente diferente, em outro nível. Ficamos com consciência maior de nossa sabedoria interior e nossa intuição fica mais forte que nossa capacidade de raciocinar e pensar de forma lógica.

Como na fase *Criativa*, *insights* e ideias vêm do nada, mas, muitas vezes, falta motivação e energia para agirmos com base neles, e eles costumam ser epifanias profundas em vez de coisas para criar no mundo. Na fase *Reflexiva*, o ego fica mais silencioso e temos a oportunidade de ver quem somos por trás dos pensamentos, das expectativas e dos medos do dia a dia.

Essas duas fases são ideais para o desenvolvimento pessoal, para organizar o passado, validar e liberar emoções, expressar a criatividade, reestruturar a maneira como pensamos, perceber os elementos da vida que condizem com nossos verdadeiros sentimentos e desejos e entrar em contato com a intuição.

As outras duas fases do ciclo, a *Dinâmica* e a *Expressiva*, são mais dominadas por processos racionais de pensamento e pelo mundo exterior. Não basta ter uma grande ideia; precisamos determinar o que fazer com ela e como estruturá-la ou aplicá-la. A fase *Dinâmica* nos permite fazer exatamente isso.

Nessa fase, nossa criatividade fica muito mais voltada para a mente, o que nos permite analisar as coisas de maneira lógica, aplicar as ideias na prática, criar conceitos que funcionam, resolver problemas metodicamente e ver o todo ao mesmo tempo que reconhecemos e criamos os detalhes.

Na fase *Expressiva*, a maneira como nos comunicamos, conectamos e nos identificamos com o mundo exterior se torna importante. A noção de propósito e de quem somos acaba, muitas vezes, envolvendo outras pessoas nessa fase, e nossos sentimentos de valor e realização dependem de nossa relação com os outros e com o mundo. Na fase *Reflexiva*, a noção de individualidade e realização fica um tanto enevoada.

A fase *Expressiva* é uma oportunidade de construir relacionamentos que servirão de apoio para nós mesmas e para nossos projetos, de fazer contatos e de nos comunicarmos e apresentarmos as nossas ideias às pessoas que podem fazê-las acontecer.

Esses dois modelos de interpretação do ciclo, o Ativo/Passivo e o Consciente/Subconsciente, são apenas conceitos que tentam explicar nossas experiências cíclicas e construir algum tipo de estrutura para facilitar a definição

> "Acredito falar em nome de muitas mulheres quando digo que nunca verei meu ciclo da mesma forma novamente após aquela noite... sua palestra realmente juntou as peças para mim ao oferecer uma linguagem e uma estrutura que posso usar para validar minhas escolhas e experiências." – Amy Sedgwick, terapeuta ocupacional registrada, Red Tent Sisters, Canadá.

de um padrão complexo. Você pode muito bem desenvolver algo muito diferente para seu ciclo. O que esses modelos fazem é oferecer uma noção do fluxo e do refluxo das energias que se manifestam todo mês e nos ajudar a descobrir quem somos e o que precisamos fazer para gerar bem-estar e sentimentos de satisfação.

Encontrar a satisfação

Se vemos a nós mesmas como seres consistentes, esperamos sentir necessidades sempre iguais, e o que satisfaz a essas necessidades em uma semana deveria satisfazê-las da mesma forma nas outras. No entanto, quando passamos a aceitar nossa natureza cíclica, de uma hora para outra percebemos que essa expectativa não funciona conosco. Para sermos felizes e satisfeitas na vida, precisamos estar felizes e satisfeitas em cada fase. E, da mesma maneira que temos diferentes capacidades e modos de percepção em cada uma das fases, temos também diferentes necessidades para expressar e satisfazer.

Muitas mulheres acham difícil aceitar sua natureza cíclica e têm uma ou duas fases que gostariam de poder manter o tempo todo. Não é incomum que a mulher de carreira profissional deseje ficar com suas capacidades da fase *Dinâmica*, ou que uma mãe queira ficar em sua fase *Expressiva* por causa das características empáticas que se manifestam. O pensamento "Não seria fantástico se eu pudesse ser assim o tempo todo? Imagine o que poderia fazer e como seria?" é sincero.

Se ficássemos na fase *Dinâmica*, sem dúvida seríamos mais ativas e focadas no sucesso. E, sim, seríamos mais capazes de competir nas estruturas profissionais masculinas, pois pensaríamos e nos comportaríamos mais como os homens. Mas também deixaríamos de encontrar e expressar a vasta gama de habilidades e experiências que nos faz sentir completas.

Perderíamos a empatia natural e a compreensão da fase *Expressiva* que nos tornam boas em lidar com pessoas, bons membros ou gestoras de equipes e boas na interação e no apoio aos clientes.

Também perderíamos os saltos de inspiração da fase *Criativa* que nos fazem resolver problemas, iniciar aquela campanha eficaz de marketing, criar conexões entre as pessoas e a necessidade delas por realização, ou produzir aquele *workshop*, produto, artigo, abordagem ou programa de computador que melhoram a vida de muitas pessoas. E, por fim, se perdêssemos a quietude da fase *Reflexiva*, perderíamos a capacidade de saber o que é certo para nós e o que deve mudar para o nosso bem-estar e para que obtivéssemos a vida que desejamos viver.

Quando aceitamos que nossa natureza é cíclica e vemos os aspectos positivos de cada uma das fases, passamos a viver ativamente dentro do fluxo mensal de mudanças de percepção, de energias e de capacidades e habilidades mutáveis, e, com naturalidade, passamos a atribuir prioridade igual às nossas necessidades contrastantes:

Nossos relacionamentos e nosso desenvolvimento pessoal.

Nossa vida em casa e nossa carreira.

Nossa necessidade de ação e empoderamento e nossa experiência de simplesmente "ser".

Parar e deixar algo de lado e agir para começar algo novo.

Viver no mundo subconsciente e focar no mundo exterior.

Pensar racionalmente e reconhecer nossa intuição.

Sermos analíticas e aproveitarmos nossa inspiração e criatividade.

Em um ciclo, podemos apoiar e interagir ativamente com todos os aspectos de nossa vida e do nosso ser, sem permitir que nada nos domine. Vivemos o mais elevado equilíbrio entre trabalho e vida pessoal, satisfazendo aos nossos desejos e às nossas necessidades, tal como aos nossos sonhos e às nossas responsabilidades.

E quais são as chaves para esse alto equilíbrio entre vida pessoal e trabalho?

1. **Não tente ser tudo de uma só vez.**
2. **Não tente ser a mesma o mês inteiro.**

Fazendo com que funcione para você!

Para termos sucesso na vida, precisamos entender e explorar as fases do ciclo em detalhes. Precisamos ver como as diferentes fases nos afetam e encontrar maneiras práticas e positivas de aplicar as mudanças mensais em nossa vida, no trabalho, em nossos sonhos e objetivos.

Nos próximos quatro capítulos, vamos estudar algumas das mudanças principais de cada fase, o efeito que elas causam em nós e as oportunidades que apresentam como Períodos Ideais. Cada capítulo proporciona uma lista das capacidades possíveis, dos tipos de abordagem que podem funcionar em cada fase, ao que devemos ficar atentas, o que pode não funcionar, estratégias físicas, emocionais e, finalmente, de trabalho, e, para concluir, objetivos. Também há seções para que você acrescente suas próprias ideias.

Pode ser bom reler esses capítulos durante cada respectiva fase do ciclo, pois pode ajudar você a comparar as informações com sua própria experiência e a identificar maneiras práticas e positivas de aplicar as habilidades e capacidades ampliadas em sua própria vida.

A experiência de cada mulher com seu ciclo é única, mas há algumas experiências compartilhadas. Algumas das capacidades e ações descritas nos capítulos a seguir podem vir a ser adequadas a outra fase em vez da fase mencionada. Não há regras predefinidas para trabalhar com o ciclo menstrual, então trabalhe com o que lhe servir melhor.

Resumo:

- Passamos por muitas mudanças físicas durante o mês e não temos consciência de muitas delas. No entanto, elas têm impacto na maneira como sentimos, pensamos e agimos.
- Nosso ciclo é um fluxo constante de mudanças. A separação em quatro fases é apenas uma ferramenta que nos ajuda a tomar ciência de nossas mudanças, comparando a diferença entre as semanas.
- É irreal esperar ser igual o mês todo.
- O ciclo menstrual não tem só a finalidade de renovar a fertilidade para gerar filhos; também tem o objetivo de criar cultura, construir a sociedade e o propósito e a expressão individuais.
- Podemos utilizar dois modelos para entender as mudanças do ciclo menstrual. Podemos ver o ciclo como um fluxo e refluxo de energias passivas e ativas que se repetem e como a ida e vinda da nossa percepção entre o mundo exterior consciente e o mundo intuitivo subconsciente.
- No ciclo menstrual, temos uma poderosa ferramenta para gerar felicidade, bem-estar e realização.
- Viver a vida em harmonia com cada parte do ciclo significa priorizar igualmente a todos os aspectos da vida e de nós mesmas. Satisfazemos naturalmente às nossas necessidades em cada fase.
- O ciclo menstrual nos dá a oportunidade de criar equilíbrio duradouro entre trabalho e vida pessoal.
- O jeito mais fácil de criar esse equilíbrio é vivendo de maneira natural com quem somos em cada fase.

Capítulo 4

Trabalhando com o Período Ideal da Fase Criativa

Vamos começar nossa investigação das fases do ciclo com a fase *Criativa* (a pré-menstrual), porque ela talvez seja a fase mais difícil para a maioria das mulheres, sobretudo quando se manifestam alguns dos diversos sintomas pré-menstruais. Essa é, às vezes, a fase com maior impacto na vida profissional, nos relacionamentos e em como nos sentimos sobre o que fazemos e em relação a nós mesmas.

Há muitas ideias diferentes sobre o que causa a TPM, e, para algumas mulheres, os sintomas têm efeitos tão perturbadores que eu, decerto, não gostaria de trivializar a experiência. O plano apresentado neste livro é capaz de funcionar em conjunto com quaisquer outros tratamentos ou abordagens. Criar os Diagramas do Ciclo pessoais descritos no *Capítulo 10* pode ajudar a identificar quando surgem os sintomas e o que os afeta.

A fase *Criativa* pode ser a mais desafiadora, mais em alguns meses que em outros. Entre as coisas que podem acontecer está a diminuição gradual da resistência física e das capacidades mentais e o aumento da tensão física, da frustração e da agressividade, associado à sensibilidade extrema e a oscilações de humor, emoções fortes e sentimentos provindos do nosso eu mais profundo. As pessoas ao nosso redor também podem ter dificuldade de se proteger de nossa inquietação, de nossos surtos de ansiedade, de nosso costume de colocar a culpa em todos e da nossa gradual retirada para o reino interior do subconsciente.

> "(*Dia 26. Fase Criativa*) Maior necessidade de sono e menos tempo para as delicadezas sociais. Friamente capaz de eliminar o que não funciona e sensível a críticas e julgamentos. Falta de sentimentos criativos e de sentimentos de sucesso."
> – Déborah, estilista assistente de uma casa de moda, França.

Por acaso eu gostaria de não ter mais a fase *Criativa*? Não! Por quê? Porque ela proporciona talentos e oportunidades que eu não teria em nenhuma outra fase, como instantes de *insight* e percepções brilhantes, além de a oportunidade de organizar minha bagagem emocional e descobrir o que realmente importa para mim.

Em alguns meses, no entanto, como todas as outras mulheres, mal posso esperar pela mudança hormonal; mas esses são os meses em que não estou escutando meu corpo ou dando tempo às minhas necessidades subconscientes.

Visão geral da fase Criativa

A fase *Criativa* começa depois da fase *Expressiva*, com a diminuição gradativa no nível de energia e resistência física e da memória e concentração mental. Quanto mais nos aproximamos da fase *Reflexiva*, mais óbvia fica essa diminuição.

Na fase *Expressiva*, ficamos mais focadas no mundo exterior, e essa característica continua forte no início da fase *Criativa*.

À medida que prosseguimos por essa fase, nosso mundo interno fica mais impactante, pois o subconsciente se aproxima da percepção consciente, oferecendo surtos de inspiração e nos ajudando a descobrir problemas emocionais não resolvidos ou urgentes. Podemos sentir também forte motivação para agir, fazer mudanças, "corrigir" as coisas e criar.

À medida que nossa energia física e nosso nível de concentração mental diminuem, a janela de oportunidade para agir de maneira produtiva sobre essas motivações também diminui, o que normalmente causa maior frustração, raiva e irritação.

> (*Fase Criativa*) Costumo ficar mais enérgica durante essa fase e minha energia física aumenta exponencialmente... Além disso, frequentemente me sinto inspirada para organizar arquivos e armários ou fazer uma boa faxina na casa... Muitas vezes, fico impaciente demais para concluir uma ideia, mas já aconteceu de anotar ideias para usar depois." – Yassmin, assistente jurídica, Reino Unido.

A fase *Criativa* pode se manifestar como uma montanha-russa de surtos de atividade física, criatividade e agressividade ao lado de períodos de choro, sensibilidade emocional e carência, pensamentos e ideias negativas e crescente vontade de descansar.

Podemos constatar que fica difícil pensar de forma estruturada, mas que nossa capacidade de intuir e de ter ideias, entendimentos e associações do nada fica aumentada.

Resumida desse modo, a fase *Criativa* aparenta ser bastante radical, mas na realidade nos oferece experiências e habilidades maravilhosas, positivas e poderosas. Nessa fase, temos a oportunidade de combinar um nível profundo de consciência com a ação para criar, curar, reordenar e ultrapassar os limites do pensamento obsoleto.

O cérebro na fase Criativa

Uma das capacidades mais incríveis que pode surgir à medida que a fase *Criativa* evolui para a fase *Reflexiva* é a de meditar. Como professora de cura e meditação, ficou óbvio para mim que as mulheres conseguem atingir, com mais facilidade, níveis mais profundos de meditação conforme se aproximam do fim da fase *Criativa*. Na verdade, algumas conseguem quase entrar em meditação em meio às atividades cotidianas.

No meu primeiro livro, *Red Moon*, chamei essa experiência de estar "entre os mundos", uma experiência em que, apesar de estarmos conscientes e operando no mundo exterior, nossa percepção e consciência de nós mesmas ficam voltadas para o interior.

Um estudo de David Noton, Ph.D., chamado *PMS, EEG and Photic Stimulation* [TPM, Eletroencefalogramas e Estimulação Fótica], publicado no *Journal for Neurotherapy* em 1977, afirma:

> "Um estudo de seis mulheres com TPM demonstrou que, quando estavam na pré-menstruação, seus eletroencefalogramas indicavam atividade (delta) mais lenta…".

Ondas delta são ondas cerebrais que ocorrem quando passamos do sono com sonhos para o sono profundo. Meditadores avançados são capazes de treinar o cérebro para produzir ondas delta sem estarem dormindo e sentir profunda paz, unicidade e tranquilidade. Infelizmente, David Noton diz também:

> "Conclui-se que a TPM pertence a um grupo de transtornos caracterizados por atividade de ondas cerebrais excessivamente lenta".

O que ele não viu é algo muito central e profundo. As mulheres têm uma experiência natural de meditação profunda nesse período.

É interessante reparar que, se buscarmos informações *on-line* sobre ciclo menstrual e ondas cerebrais, em vez de encontrarmos uma variedade de pesquisas médicas que apoiem a ideia de que as características do pensamento das mulheres mudam, encontraremos inúmeros sites vendendo CDs de frequências sonoras que induzem certas respostas cerebrais para a meditação profunda, incluindo ondas delta.

> "Parece que começo essa fase (*a Criativa*) muito focada e então caio em um estado emotivo, solitário."
> – Natasha, bibliotecária assistente, Reino Unido.

Como mulheres, temos a capacidade natural, durante o ciclo mensal, de alcançar profundidades meditativas que evocam um nível de relaxamento restaurador que todos os homens meditadores adorariam alcançar. E é de graça! Também é de fácil acesso para nós a parte do cérebro que guarda toda nossa experiência de vida, que tem maior percepção do mundo à nossa volta, que tem consciência de elos e sincronias e que nos conecta com um sentimento de unidade com todas as coisas.

> **No ciclo mensal, podemos alcançar naturalmente um nível profundo de meditação e relaxamento restaurador.**

É complicado ouvir chamarem essa oportunidade de "transtorno". No entanto, esse estudo contribui apresentando pesquisas que demonstram que as mulheres, de fato, pensam de maneira diferente, com diferentes padrões de ondas cerebrais, dependendo de onde estão no ciclo.

Outro efeito intrigante da mudança de nosso estado cerebral na fase *Criativa* se dá na coordenação motora e na noção de espaço. Muitas mulheres ficam desastradas durante a fase *Criativa*, mas o que poucas conhecem são os picos de coordenação motora e destreza quase sobre-humanos.

Uma maneira de perceber esse superpoder é praticando esportes durante a parte mais ativa da fase *Criativa* – porém, não devemos nos apoiar na resistência física para ganhar! Só consigo derrotar meu marido em algum esporte durante a fase *Criativa*. Tudo o que preciso fazer é parar de pensar conscientemente sobre o que fazer e acabo acertando, ou consigo alcançar uma bola impossível com reflexos instantâneos. Infelizmente, esse período de alta coordenação motora não dura muito. Quando, por exemplo, vou pegar alguma coisa de uma prateleira e acabo por derrubá-la, sei que esse período está chegando ao fim.

A fase Criativa e o poder do cãozinho!

Não é sem motivo que essa fase é chamada *Criativa*. O subconsciente tem uma capacidade poderosa de imaginar, extrapolar e criar a realidade. Podemos pedir a ele que nos mostre uma projeção do futuro, com base em uma única ideia ou pensamento ou podemos pedir a ele que extrapole e descubra diversas maneiras de atingir um objetivo ou solucionar um problema.

Dizem que Einstein sonhava com as respostas para os problemas em que estava trabalhando. Durante a fase *Criativa*, temos a maravilhosa oportunidade de acessar ativamente o mesmo estado cerebral durante o dia para resolver todos os nossos problemas. Isso não é maravilhoso e poderoso?

Durante a fase *Criativa*, adquirimos a capacidade de acessar com facilidade as informações processadas fora de nossa percepção consciente. Isso significa que as coisas que temos guardadas no subconsciente ficam mais acessíveis, facilitando que tenhamos surtos criativos, mudanças súbitas de percepção e descobertas imprevistas.

Podemos comparar o subconsciente com um cãozinho muito entusiasmado que faz qualquer coisa para nos agradar. Se jogarmos uma bola a um filhote de cachorro, ele correrá atrás dela e a trará de volta, talvez com outras bolas que encontrar. Jogue um graveto e terá uma pilha de gravetos a seus pés em pouquíssimo tempo!

> Nosso subconsciente é como um cãozinho muito alegre que faz qualquer coisa para nos agradar.

Podemos dar uso positivo a esse cãozinho no dia a dia. Podemos mandá-lo correr em uma direção, dando-lhe ordens do que trazer de volta. Por exemplo, podemos plantar pensamentos no subconsciente sobre coisas em que gostaríamos de progredir. Podemos pensar sobre um projeto que precise de inspiração ou de *insight*, sobre um conceito ou um relacionamento que precisamos entender e explorar mais, ou podemos apenas estar buscando uma grande ideia sobre alguma coisa!

Quando eu era ilustradora, por exemplo, me pediram para ilustrar, para um livro infantil de História Natural, alguns insetos que vivem em paredes de alvenaria. Não sei se você costuma reparar em tijolos, mas eu não. Então disse para o cãozinho na minha mente: "Busque tijolos para mim". Na preparação do trabalho, aonde quer que eu fosse, reparava nos tijolos: cor e textura, tamanho e material e a forma como as trepadeiras cresciam neles. O cãozinho da minha mente estava me trazendo exatamente as informações que eu havia pedido. Dois dias depois de terminar de pintar a imagem e mandá-la ao editor, eu ainda estava reparando nos tijolos, pois havia esquecido de mandar o filhotinho parar!

A capacidade do cachorrinho de nossa mente de buscar e trazer nos permite dar saltos imensos de percepção e compreensão, e também produzir soluções inusitadas e ideias inspiradas. O cãozinho da nossa mente é capaz de:

- Percorrer todas as informações inconscientes que guardamos.
- Encontrar vínculos que não formulamos de forma consciente.

- Descobrir os padrões centrais por trás dos detalhes.
- Apontar informações pertinentes, oportunidades e coincidências presentes o tempo todo à nossa volta.

Como, então, podemos usar o poder desse cachorrinho? Não há uma maneira específica de ativar essa habilidade além de dar atenção às informações ou soluções que gostaríamos de ter ou à situação e ao resultado que gostaríamos de criar.

Isso não quer dizer se preocupar, mas empregar uma abordagem imaginativa com a informação extra de que estamos prontas para receber ideias, soluções, oportunidades e eventos sincrônicos. É difícil que a resposta chegue de imediato, pois o cachorrinho leva tempo para procurar as coisas! Fazendo uma alegoria com os computadores, encare isso como a ampulheta do cursor.

Respostas, soluções ou novas formas de ver os projetos podem surgir a qualquer momento e em qualquer lugar ou situação. Por isso, é importante carregar um caderno de anotações e uma caneta para anotá-las. Uma vez que o cãozinho solta algo a nossos pés, não temos muito tempo para anotar. Ele pode sair à procura mais uma vez, e muito rápido podemos perder a ideia inspirada, ou as palavras e imagens, para comunicá-la de modo apropriado, sobretudo se estivermos perto do fim da fase *Criativa*.

Por infelicidade, a maioria dos trabalhos não nos dão muito tempo para ficarmos em silêncio, sozinhas, para pensar criativamente. Contudo, a fase *Criativa* é um dos momentos criativos mais poderosos para as mulheres e um recurso profissional completamente negligenciado. Até que chegue o dia em que as empresas nos reservem tempo para o pensamento criativo, precisamos aproveitar os momentos disponíveis – como uma caminhada no horário do almoço ou durante os cinco minutos no toalete – para preparar o subconsciente e mandar o cãozinho mental à procura. Não desperdice essa fase inestimável e a inspiração que ela proporciona!

Usar a fase Criativa para criar nossa realidade

As capacidades ampliadas da fase *Criativa* também podem ser levadas um passo adiante e ser usadas de modo ativo para nos ajudar a criar a realidade que desejamos. Quando focamos nos detalhes do que queremos durante essa fase, construímos uma ferramenta muito poderosa para criá-los.

No livro, *Write it Down, Make it Happen,* Henrietta Klauser aponta que, ao escrevermos nossos desejos, ativamos a parte do cérebro que processa as informações, para que comece a reconhecer as oportunidades à nossa volta. Ela diz que a simples tarefa de usar a imaginação para visualizar nossos objetivos e depois anotá-los nos dá o poder para fazê-los acontecer.

É claro que podemos usar esse e outros métodos de manifestação, como os mencionados nos livros *O segredo,* de Rhonda Byrne, e *The Cosmic Ordering Service,* de Barbel Mohr, ao longo do mês. No entanto, quando aplicados na fase *Criativa,* eles podem se tornar mais impactantes e poderosos.

Uma técnica que se costuma sugerir para fazer mudanças na vida é o uso de afirmações positivas. A afirmação positiva é uma técnica de desenvolvimento pessoal muito conhecida para mudar nossos pensamentos; trata-se de repetir afirmações formuladas de modo positivo. Seria de esperar que a fase *Criativa* fosse o Período Ideal para mandar nosso cãozinho mental buscar tudo que apoiasse esses pensamentos positivos sobre nós mesmas. É interessante, mas as coisas não funcionam assim. Se durante a fase *Criativa* tentarmos mandar o cãozinho atrás de um pensamento como "sou bem-sucedida – tudo o que faço contribui com meu sucesso", o que costuma vir de volta é "você está de brincadeira!".

Em vez de o cãozinho retornar com pensamentos positivos, memórias e pontos de vista que apoiam o pensamento, ele nos trará cinquenta motivos, memórias e crenças antagônicas de como essa declaração não pode ser verdadeira. Nessa situação, o cãozinho mental nos trará todos os pensamentos e memórias do nosso arquivo subconsciente que se opõem à nova maneira de pensar e que precisam ser aceitos e liberados antes de podermos mudar.

Essa situação exemplifica como algumas técnicas de desenvolvimento pessoal podem não funcionar com as mulheres da mesma maneira que funcionam com os homens no decorrer do mês. No caso das afirmações positivas, elas podem resultar em um efeito negativo ou incontrolável se a fase não for bem compreendida.

É importante enquadrarmos nosso uso das técnicas de desenvolvimento pessoal e das mudanças de estilo de vida nas fases do ciclo menstrual. Fracassos podem acontecer por causa de a técnica ou de a mudança ser implementada na *fase errada*, e não por erro na técnica em si. Para as mulheres, pode ser mais produtivo e eficaz usar as afirmações positivas nas fases *Dinâmica* e *Expressiva*.

> As fases podem impactar as técnicas de desenvolvimento pessoal. Use técnicas que aparentem estar em harmonia com a fase, em vez de usar uma só técnica o mês inteiro.

Fase Criativa e o entendimento de nós mesmas

A maneira como nos conectamos com o subconsciente na fase *Criativa* não se dá em um só sentido, com "nós" acessando "ele". Ele também influencia nossos pensamentos corriqueiros. É esse aspecto da fase *Criativa* que pode ter enorme influência em nossos pensamentos, emoções, humor, comportamento e capacidade de criar o sucesso e a prática profissional eficaz que desejamos.

Não é raro que certas situações aceitáveis no restante do mês se tornem, de uma hora para outra, intoleráveis e causem erupções emocionais durante a fase *Criativa*. Nessas situações, nosso subconsciente nos dá um sinal claro de que há algo que precisamos organizar dentro de nós mesmas.

Repare que eu disse "organizar dentro de nós mesmas". Tudo o que aparece durante a fase *Criativa* se trata de **nós**, e não da outra pessoa ou da situação. Essa fase não é o momento apropriado para sentar e discutir os problemas das relações no trabalho ou em casa, mas, pelo contrário, é apropriada para parar, olhar para dentro e descobrir a causa por trás de nossas reações. É o momento ideal para sermos verdadeiras conosco mesmas, pois temos a oportunidade única de observar nossos mais profundos padrões de medo, desejo e necessidade e de entender, aceitar e curar nossos aspectos complicados. Temos também a oportunidade de identificar o que falta em nossa vida agora mesmo, o que nos faria sentir seguras e satisfeitas, assim como de agir com base nesse conhecimento na fase *Dinâmica*, que ainda virá.

> A fase *Criativa* nos dá a oportunidade de entender, aceitar e curar nossos padrões mais profundos de medo, desejo e necessidades.

A fase *Criativa* pode ser extremamente emocional, e essas emoções, muitas vezes, têm início na programação de nossa mente, em nossas memórias e nos aspectos rejeitados de nós mesmas adormecidos nas profundezas do subconsciente. Esses padrões devem ser reconhecidos, aceitos e manifestados para que possamos liberá-los, nos curar e gerar bem-estar e crescimento pessoal.

Durante a fase *Criativa*, o subconsciente usa a íntima relação que tem com a mente consciente e a poderosa capacidade de extrapolar e criar cenas dramáticas e emotivas para trazer à tona, para nossa atenção, os problemas centrais.

Podemos fazer uma alegoria com uma bola de neve rolando para demonstrar como os pensamentos e as emoções podem se desenvolver na fase *Criativa*. Imagine que fizemos uma bola de neve no pico de uma montanha e a colocamos aos nossos pés. A bola de neve representa o pensamento inicial. Em uma situação profissional, poderia ser: "Ele promoveu outra pessoa em vez de mim! De novo!".

Com esse pensamento, damos um empurrãozinho na bola de neve, e ela começa a rolar um pouco. Com o próximo pensamento: "Ele não gosta de mim! Nunca disse nada de bom sobre meu trabalho", a bola de neve junta mais neve, mais energia e, de repente, enquanto rola montanha abaixo, perdemos o controle dela.

Prosseguimos pensando "Sou um fracasso. Quantas vezes não consegui a promoção e me negaram trabalho. Nunca recebo o que peço..." e começamos a lembrar de uma lista longa de memórias de nossa vida profissional, pessoal e de nossa infância, todas apoiando esse pensamento. Agora a bola de neve está enorme e rolando bem rápido, juntando mais neve, pedras, árvores e um ou outro esquiador inocente. Não temos como pará-la. O último pensamento: "Sou completamente inútil. Nunca farei sucesso na vida", marca a avalanche caindo sobre o vilarejo no vale abaixo.

Todos esses pensamentos são extrapolações criativas. São mensagens, não a realidade, mas aderimos emocionalmente aos pensamentos que criamos e agimos com base neles como se fossem reais. Essa situação dada como exemplo pode resultar em sentimentos de raiva e em intenção de "tirar satisfação" com o chefe enquanto as emoções, os antigos padrões e as memórias de acontecimentos passados desbancam nossa razão e capacidade de nos relacionar.

A fase *Criativa* precisa ser levada a sério porque é crucial para criar bem-estar, felicidade e satisfação. Há duas formas positivas de lidar com a avalanche emocional. Ou controlamos os pensamentos para salvar o vilarejo, ou usamos essa experiência para organizar a carga emocional do subconsciente, encarando a experiência como forma positiva e empoderadora de crescimento e desenvolvimento pessoal.

Qualquer que seja a abordagem que decidirmos usar, devemos manter em mente que a centelha inicial veio das profundezas do nosso ser como mensagem para nossa consciência que algo precisa ser realizado, vivido e transformado em ação.

Abordagem um: Não empurre a bola de neve!

A primeira abordagem, "Não empurre a bola de neve!", é um método de controlar a situação. Parece fácil, mas, a menos que a esteja lendo durante a fase *Criativa*, você não saberá quão difícil é fazer isso.

Às vezes, é muito difícil parar e dizer a nós mesmas: "Isso é só um pensamento, não vou segui-lo", em parte porque achamos que nossos pensamentos estão sempre certos, mas sobretudo porque surgem tão de repente que reagimos a eles de maneira emocional antes de percebermos que ele é apenas isso – um pensamento. Os pensamentos que originam a avalanche não são mais reais que imaginar um pinguim rosa chamado Percival. (Aposto que agora você está imaginando ele!)

Quando entramos na fase *Criativa*, temos de estar muito conscientes de que os pensamentos sobre trabalho, os objetivos, os planos de vida, os colegas, a carreira, o que somos capazes de fazer, o que realizamos e o nosso sucesso, todos eles estão sujeitos à extrapolação criativa do subconsciente. Por exemplo, essa fase não é o momento apropriado para pedir a um colega que explique por que errou, pois o subconsciente usaria essa oportunidade para chamar nossa atenção, transformando a situação em um drama fora de proporção.

> Durante a fase *Criativa*, temos de estar conscientes de que nossos pensamentos estão sujeitos à extrapolação criativa do subconsciente. Esses pensamentos são uma mensagem, não a realidade.

A fase *Criativa* também não é o momento apropriado para tomar decisões grandes, como abandonar o emprego ou confrontar o chefe ou um cliente com alguma queixa. No entanto, não podemos deixar passar a mensagem oculta em nossa reação inicial: pode ser que o desejo de deixar o trabalho venha acompanhado de um sentimento de falta de reconhecimento ou de falta de poder ou expressão criativa. Precisamos deixar chegar a fase *Reflexiva* para rever a situação e depois, se necessário, agir durante a fase *Dinâmica*, quando haverá menos possibilidade de sentirmos tudo de maneira emocional, quando nos tornamos mais capazes de pensar com lógica. Pode ser necessário deixar o emprego, mas também podemos encontrar outras maneiras de satisfazer às necessidades que o trabalho não satisfaz.

> A fase *Criativa* é como uma grande placa de neon acesa pelo subconsciente para nos alertar de algo que não estamos percebendo. Podemos ignorá-la, mas, se o fizermos, perderemos uma grande oportunidade de obter felicidade e satisfação na vida.

Abordagem dois: Ultrapassar o limiar

A segunda abordagem para a bola de neve é deixar que tudo aconteça e não agir com base nos pensamentos. É preciso coragem para se deixar sentir as emoções intensas por trás dos pensamentos e das memórias. Pode ser doloroso, nos fazer chorar e nos fazer querer esquecer tudo.

Para sentir a "avalanche", precisamos de um local seguro onde possamos passar por todas essas emoções sem que elas prejudiquem outras pessoas à nossa volta (o esquiador e os habitantes do vilarejo).

Sentar com nossos pensamentos e emoções e simplesmente deixá-los fluir é algo que, na hora, parece muito difícil: o livro *The Sedona Method,* de Hale Dwoskin, tem informações muito boas para trabalhar com pensamentos negativos dessa maneira.

Há também outro aspecto dessa abordagem à fase *Criativa* que tem enormes consequências no desenvolvimento pessoal. No livro *Thresholds of the Mind*, Bill Harris discorre sobre a ideia de que a mente humana tem um limiar que, se for cruzado, a deixa sobrecarregada. Em situações estressantes, ele diz que encontramos métodos de nos acalmar e aliviar a tensão para não cruzarmos esse limiar. Podemos ingerir mais alimentos reconfortantes, beber mais álcool ou praticar outras atividades que aliviem o estresse.

No entanto, Bill Harris diz que, se de fato mergulharmos nas experiências, nossa mente não será mais capaz de manter os mesmos padrões e se desmontará para criar novos padrões e comportamentos. Quanto mais ultrapassamos nossos limites, mais nossa mente se torna capaz de se adaptar, de modo que cada vez mais o limite aumenta, até que fique muito difícil ficarmos sobrecarregados.

Na fase *Criativa*, o ciclo pode criar oportunidades naturais para ultrapassarmos nossos limites e darmos o próximo salto em direção ao crescimento pessoal. É preciso coragem, força de vontade apoio para trabalhar dessa maneira com a fase *Criativa*. Não é algo que se experimenta levianamente, e recomendo que as leitoras que fazem terapia consultem seu terapeuta antes de usar essa abordagem. A ideia não é perturbar nossa vida nessa fase, mas usar as oportunidades que o ciclo oferece para o nosso benefício.

A fase *Criativa* é, sem dúvida, o Período Ideal para trabalhar com o subconsciente rumo ao crescimento pessoal. Recebemos a oportunidade de interagir de modo consciente com ele e organizar quaisquer hábitos, padrões, memórias

> "Hoje, acolho e aceito as energias mais pesadas das fases pré-menstrual e menstrual em vez de combatê-las e me sentir mal por não estar cheia de energia e entusiasmo no mês inteiro. Amo e aceito minha natureza cíclica. Obrigada, Miranda, por essa compreensão." – Zahra Haji, Deusa do Yoga, Canadá.

e atitudes emocionais ou mentais que não quisermos levar conosco para a próxima fase.

Essa é uma declaração muito poderosa. Essa fase nos empodera para mudar o "eu" que levamos para o próximo mês. Por que levar toda essa carga emocional coletada neste mês para o próximo? É possível que, no próximo mês, manifestemos a verdadeira pessoa oculta por trás de toda essa bagagem emocional!

> A fase *Criativa* nos dá a oportunidade de largar nossa carga emocional e mental para que não precisemos levá-la para o próximo mês.

O Período Ideal da fase Criativa

A fase *Criativa* nos oferece capacidades e habilidades ampliadas que podemos usar para melhorar nossa vida, nossa carreira e nosso trabalho e que podem nos ajudar a alcançar nossos objetivos. Para nos assegurarmos de que usaremos a fase de maneira produtiva, precisamos criar estratégias para garantir que não desperdiçaremos nossas habilidades ampliadas e desenvolver táticas para lidar com as tarefas que não conseguimos desempenhar tão bem.

A seção a seguir oferece algumas sugestões e orientações sobre atos que podem nos apoiar durante a fase *Criativa* e nos ajudar a usar esse período para operar com nossos pontos fortes. Ler essa seção durante a fase *Criativa* pode inspirar muitas outras ideias; no final do capítulo, há um espaço para registrá-las.

Capacidades da fase Criativa:

- Criatividade com base na animação – colocar energia nas coisas que inspiram e acendem a centelha interior!
- Escrita criativa e se comunicar com a paixão do coração.

- *Design* visual, criatividade e imaginação baseados no entusiasmo.
- Criar músicas inspiradas no gosto pela vida.
- Manifestar nossos objetivos e desejos mais radicais.
- Reconhecer as oportunidades ocultas e as sincronias à nossa volta.
- Criar novas ideias com poucas informações e fazer *brainstorming*.
- Ter ideias inusitadas e operar com conceitos criativos.
- Dar saltos de entendimento.
- Tirar ideias do nada, como num passe de mágica.
- Entender intuitivamente teorias complexas.
- Construir estruturas com informações desconexas.
- Entender intuitivamente o padrão por trás dos detalhes.
- Identificar e nos livrar de tudo com que não podemos trabalhar ou que seja ultrapassado.
- Identificar problemas e práticas ineficazes.
- Organizar as coisas para ordenar e abrir espaço.
- Deixar para trás a caga emocional, atitudes, comportamentos e padrões mentais ultrapassados para gerar uma nova ordem.
- Saber o que parece certo para criar os efeitos que desejamos.

O que não funciona muito bem na fase Criativa:
- Entender conceitos lógicos ou pensar racionalmente.
- Resolver problemas com outras pessoas.
- Empatia.
- Trabalho em equipe.
- Iniciar novos projetos, regimes e estilos de vida.
- Aprendizado, pensamento ou planejamento estruturados.

- Afirmações positivas sobre nós mesmas ou sobre nossa vida.
- Tentar corrigir a nós mesmas ou nossos relacionamentos.

Com o que devemos ficar atentas na fase Criativa:
- Variações de humor.
- Irritabilidade e intolerância seguidas de choro, empatia extrema e sensibilidade emocional.
- Ficar sensível demais a críticas.
- Dificuldade de ser objetiva com informações, tarefas, situações e pessoas.
- Necessidade de estar certa e de ser validada como certa.
- Tendência de extrapolar e "criar" cenários além da razão.
- Ações dramáticas.
- Atitude crítica e julgadora, que reflete autocrítica interior excessiva.
- Agressividade e ansiedade com base em medos profundos.
- Dificuldade para lembrar das coisas.
- Períodos de atividade e energia mental, emocional e física e períodos de lentidão e pouca energia.
- Momentos de baixa glicose no sangue.
- Maior tendência a mudar a aparência nessa fase que nas outras.
- Não tenha a expectativa de que os outros saberão como lidar com você. Se você souber, dê-lhes algumas diretrizes e mantenha-os a par da situação.
- Falta de paciência e de tolerância; ter a expectativa de que as pessoas façam as coisas imediatamente.
- Ter a expectativa de que os outros sabem de que você precisa.

Estratégias para a fase Criativa

Físicas

- Tire algumas "sonecas estratégicas" ou faça pausas para meditar durante o dia, principalmente mais perto do final da fase.
- Durma mais durante o final da fase e mude a rotina para que possa fazê-lo. Você pode se atualizar socialmente durante as fases *Expressiva* e *Dinâmica*.
- Use cafeína apenas quando necessário. Esse é o período natural para o corpo sossegar; honre-o.
- Faça lanches saudáveis para manter estável o nível de glicose no sangue.
- Faça exercícios para aliviar a frustração e o estresse físico.
- Deixe de lado as metas da academia.
- Quanto tiver energia física, aproveite a coordenação intuitiva intensificada para se sair vitoriosa nos esportes.

Emocionais

- Não deixe de perguntar ao subconsciente o que ele quer que você sinta, reconheça, libere ou faça.
- "Retire-se" para sentir e limpar padrões emocionais e pensamentos ultrapassados.
- Anote suas emoções, seus sonhos e seus desejos.
- Reconheça e sinta as emoções à medida que aparecerem. Não tente suprimi-las ou agir com base nelas. Não alimente as emoções com mais pensamentos, memórias ou imaginações; fique com o pensamento original (não empurre a bola de neve!).
- Comprometa-se a usar essa fase como um período de crescimento emocional e de mudanças positivas.
- Para se sentir melhor, coloque a energia criativa em ação. Seja o que for, faça algo divertido!

- Aceite as emoções e os pensamentos como mensagens do subconsciente, não como realidades.
- Não acredite nos pensamentos negativos, principalmente os que sejam sobre você mesma.
- Evite tomar grandes decisões; espere a fase *Dinâmica* para agir.
- Evite brigas e discussões; espere as fases *Dinâmica* ou *Expressiva*.
- Não se preocupe quando não conseguir fazer as coisas da maneira normal. Esse estado não é permanente, ele passa.
- Fique no "Agora" – ignore o passado e o futuro.
- Concentre-se em uma coisa de cada vez para evitar o pânico e a frustração.
- Desista, entregue-se e aceite.
- Cuide de suas necessidades para que não fique com raiva quando as outras pessoas não cuidarem.
- Evite pessoas negativas, depressivas ou carentes.

No trabalho

- Aproveite as ideias inusitadas para pensar em soluções positivas e ter momentos de "eureca!".
- Divirta-se jogando a bola para o cãozinho mental enquanto fizer caminhadas ou passar cinco minutos a mais na cama.
- Mantenha por perto um bloco de notas para anotar as inspirações do cãozinho – e tudo o mais se sua memória ficar ruim.
- Use seus poderes ultracríticos para o bem e concentre-se em projetos que realmente precisem de análise crítica, isto é, não fique criticando a si mesma e os colegas.
- Seja flexível. Faça as coisas quando tiver energia; não deixe para depois, pois pode ser que você não esteja com a energia mental e física anterior.

- Pare e dê ouvidos às suas necessidades interiores. Em que seu trabalho não lhe está satisfazendo?
- Faça uma análise crítica da sua lista de afazeres e corte tudo o que não vale a pena fazer ou que não conseguirá fazer.
- Concentre sua energia inquieta de maneira produtiva para organizar o local de trabalho. O que é preciso jogar fora?
- Tome nota do que é ineficiente ou ineficaz e desenvolva uma nova organização e novas estruturas. Lembre-se de que isso também é sinal exterior de necessidade de organização interior.
- Acredite somente nos pensamentos que lhe dão entusiasmo e energia.
- Use seus processos mentais. Concentre-se em como fazer as coisas da melhor forma, mais econômica ou mais eficiente.
- Não é impossível fazer coisas que não tenham a ver com esse Período Ideal. Apenas pode ser que suas elevadas expectativas não se realizem.
- Não se sinta culpada por não trabalhar tão duro quanto os outros. Você está trabalhando em uma esfera diferente e sempre pode colocar as coisas em dia na fase *Dinâmica*.
- Peça ajuda e apoio a outras pessoas quando tiver de fazer tarefas que não sejam apropriadas a esse Período Ideal, principalmente se não estiver conseguindo ser objetiva no trabalho.
- Mude os afazeres profissionais para tarefas que entrem em harmonia com suas capacidades dessa fase. Deixe para colocar as outras tarefas em dia na fase *Dinâmica*.
- Use diferentes métodos e abordagens para aprender e entender conceitos. Por exemplo, aprenda observando.
- Fazer coisas adequadas às suas necessidades e capacidades gerará menos estresse e frustração, o que melhorará a autoconfiança e sua opinião de si mesma.
- Tente se concentrar em cada tarefa que estiver fazendo – trabalhar em multitarefas pode não ser o ideal.

- Deixe as negociações para outras pessoas ou deixe-as para depois. Nessa fase, não ficamos muito diplomáticas.
- Seja cuidadosa com os relacionamentos profissionais, pois podemos ficar muito diretas, sem paciência e empatia.
- Não aja com base em rancor ou mágoa; pode ser que sua reação seja desproporcional.
- Deixe para socializar e fazer *networking* nas fases *Dinâmica* e *Expressiva*.
- Use técnicas de gestão de tempo para priorizar tarefas, evitar estresse com prazos e usar os surtos de energia da melhor maneira.
- Facilite os relacionamentos e torne-os mais produtivos, dando às pessoas diretrizes para interagir com você. Isso aumenta a possibilidade de que elas não errem e você não seja rotulada como mal-humorada.

Realização de objetivos:

- Use essa fase para descobrir o que sente sobre seus objetivos e quais comportamentos os atrasam.
- Livre-se de ações e projetos que não funcionaram, que não tiveram o efeito necessário ou não produziram os resultados desejados.
- Faça pequenas mudanças; não mude o objetivo principal.
- Não compare seu sucesso e progresso com os de outras pessoas.
- Não faça planos para o futuro baseada em sentimentos atuais, mas procure descobrir por que você está se sentindo assim.
- Plante no subconsciente ideias sobre o que fazer a seguir e sobre soluções de problemas e desafios. Essa é a hora.
- Valide quem você é e o que está fazendo com a vida.
- Esse é o período de maior facilidade para desandar nas dietas! É possível constatar que nosso corpo pede, naturalmente,

menos alimentos mais tarde, durante a fase *Reflexiva*, e que, ao longo da fase *Dinâmica*, ficamos com mais motivação para continuar a dieta.

Desafio:

- Entregar-se em tudo.
- Deixar de lado os medos que geram a necessidade de controle.
- Aceitar e não "consertar" as coisas – principalmente a si mesma e o parceiro.
- Ficar confortável com a vulnerabilidade.
- Amar-se tal como você é.

Suas ideias de atividades para a fase Criativa:

Capítulo 5

Trabalhando com o Período Ideal da Fase Reflexiva

Para algumas mulheres, a transição física da fase *Criativa* para a fase *Reflexiva* é fácil. Outras, inclusive eu, ficam até as quatro da manhã curvadas no banheiro esperando que os analgésicos aliviem as cólicas espasmódicas.

    O lado físico do início da menstruação pode ser difícil, mas, com a mudança hormonal, vem uma perspectiva animadora e uma nova maneira de pensar sobre o mundo e nós mesmas. É um alívio bem-vindo e maravilhoso que a energia frenética da fase *Criativa* evolua para uma fase de desapego profundo, de paz e tranquilidade e de unidade e bem-estar.

    A fase *Reflexiva* talvez seja a ferramenta mais catalítica de que dispomos para mudar nossas ações e nossos objetivos e nossa relação conosco mesmas, e também para aprofundar nossa conexão com o universo e nosso lugar nele, nossa experiência nele e a compreensão que temos dele.

Para usar essa ferramenta de modo ativo, precisamos desacelerar. Precisamos aceitar que não temos como acompanhar o ritmo do mundo por alguns dias e abrir espaço para as capacidades da fase *Reflexiva*.

> "Durante o fluxo menstrual, sinto-me atraída para dentro. É uma fase que facilita juntar ideias e *insights* que posso implementar no restante do mês."
> – DeAnna, palestrante, educadora e treinadora, EUA.

Para muitas mulheres, os sintomas físicos e as pressões do trabalho podem tornar esse período problemático no mês, mas ele vem acompanhado de capacidades e habilidades únicas que podemos usar de modo proativo em prol do nosso bem-estar, para gerar aceitação e mudanças.

Visão geral da fase Reflexiva

A fase *Reflexiva* começa por volta do período da menstruação. Pode durar alguns dias ou uma semana inteira, dependendo da mulher. Enquanto a fase *Criativa* é para desacelerar, a *Reflexiva* é para parar de vez. Nosso corpo precisa de descanso para se restaurar e renovar as energias, para que sejam liberadas novamente com o nascimento de um novo ciclo na próxima fase, a *Dinâmica*.

Nos vemos nos retirando naturalmente do mundo social, sentindo necessidade de um local seguro para nos aconchegarmos e deixarmos as responsabilidades, demandas e tarefas para depois. Não ficamos mais lentas apenas no corpo, mas também na mente e nas emoções. Nossa percepção se volta para dentro, e nossos pensamentos e sentimentos intuitivos se intensificam, pois a conexão com o subconsciente fica no período mais forte.

Na fase *Reflexiva*, ficamos em nosso mundo interior, em direta oposição à consciência do mundo exterior da fase *Expressiva* (ver Figura 3 no *Capítulo 3*). Estamos no mais baixo refluxo da maré, aquele ponto de repouso antes de a água começar a subir de novo, pegando impulso com a maré crescente.

Nesse belo ponto de repouso, a fase *Reflexiva* nos proporciona a oportunidade de deixar de lado as preocupações, pelo simples fato de não termos energia para nos preocupar. Essa experiência de profunda quietude é sedutora e necessária, e, quando tentamos combatê-la com cafeína e força de vontade, reagimos às necessidades do dia a dia com irritabilidade, frustração e raiva. Para recuperarmos a energia ativa da fase *Dinâmica*, precisamos descansar para nos restaurarmos e reagruparmos.

A fase *Reflexiva* pode ser uma espécie de meditação automática e natural. Quando pensamos na palavra "meditação", costumamos imaginar uma pessoa olhando uma vela por horas, uma mulher se equilibrando em uma postura complexa de yoga ou os olhos profundos e enigmáticos da estátua do Buda. Para a maioria das mulheres, essas imagens parecem tão distantes da vida diária tumultuada que acabamos por concluir que jamais poderemos alcançar esse nível. No entanto, há uma dádiva maravilhosa para as mulheres na fase *Reflexiva*. A meditação deixa de ser algo que precisamos fazer e se torna nosso estado de ser!

> Na fase *Reflexiva*, a meditação não é algo a se fazer: é nosso estado de ser!

Na fase *Reflexiva*, naturalmente alcançamos níveis profundos de relaxamento mental e físico. Em vez de combater essa experiência, podemos simplesmente aproveitar nossa capacidade natural de deixar de lado, esquecer o ego e usufruir dos benefícios que a meditação pode trazer: alívio do estresse e bem-estar.

A fase *Reflexiva* também é o Período Ideal para revermos nossa vida e nossos objetivos, a fim de verificar se ainda condizem com quem somos e com o que desejamos realizar. A revisão, nessa fase, não é um processo analítico, mas com ênfase nos sentimentos e nas intuições. Podemos experimentar ideias, projetos, planos e sonhos para ajudar o subconsciente a aceitar as mudanças que desejamos fazer e se adaptar a elas.

Também ficamos mais aptas a identificar e reconhecer nossas necessidades mais profundas sem autocrítica.

A fase *Reflexiva* é ideal para nos conectarmos com nosso eu autêntico, o aspecto de nós mesmas que fica por trás de nossos padrões mentais e emocionais, e usar sua orientação para moldar nossa vida no mês seguinte.

Efeito da fase Reflexiva

Com as exigências que impomos a nós mesmas e as expectativas do ambiente profissional, é muito raro termos a oportunidade de deixar tudo para lá e sermos verdadeiras conosco mesmas durante essa fase. Muitas vezes, são o expresso duplo e a pura determinação mental que nos mantêm em movimento. Mas imagine como seria não dormir e funcionar à base do café por alguns dias. Provavelmente não operaríamos em nosso máximo potencial.

Todo mês, ao "seguir em frente", negamos ao nosso ciclo, corpo e mente o descanso de que precisam para se renovar. Deixamos de lado não só nossa capacidade natural de restauração, mas também a capacidade de acessar o entendimento, a inspiração e a orientação por meio da intuição.

> "(*Fase Reflexiva*) Me vejo dormindo acordada esses dias. Estou, no geral, feliz com a vida e vendo as coisas de maneira filosófica. Também me sinto particularmente feminina durante a menstruação. É mais possível me virem usando saia em vez de calças, e pode ser que eu comece a cuidar mais de plantas ou a cozinhar mais." – Yassmin, assistente jurídica, Reino Unido.

A necessidade natural de nos recolhermos, cultivarmos e restaurarmos a nós mesmas tem efeito em todos os aspectos da vida, quer estejamos ou não conscientes disso. No trabalho, quando simplesmente não conseguimos continuar, precisamos tirar uma folga. Infelizmente, isso tem impacto negativo na ideia que as pessoas têm do valor das mulheres como funcionárias, sobre o comprometimento delas com o trabalho, sua confiabilidade e seu salário.

Um estudo chamado *Biological Gender Differences, Absenteeism and the Earning Gap*, de Andrea Ichino e Enrico Moretti (*NBER Working Paper N. 12369*, julho de 2006), afirma:

> "... *provas de que o ciclo menstrual aumenta a ausência feminina. Ausências no ciclo de 28 dias explicam a parte significativa da diferença de presença entre homens e mulheres.*
>
> ... *Por fim, calculamos o custo de salário associado à menstruação para as mulheres. Descobrimos que a ausência maior induzida pelo ciclo de 28 dias explica 11,8 por cento da diferença de ganhos entre os gêneros*".

Esse estudo demonstra o foco do mundo profissional na **presença** e não na **produtividade** como sinal de valor e, portanto, de remuneração.

Dessa maneira, pode-se considerar que a fase *Reflexiva* tenha papel prejudicial na vida profissional feminina. Mas o que aconteceria se o mundo dos negócios atentasse mais à produtividade e desse às mulheres três dias de folga remunerados todo mês, por volta do início da menstruação, e solicitasse a elas que trabalhassem mais horas depois? O argumento óbvio contra essa ideia é de que ela não funcionaria: haveria perda de produtividade e seria injusto com os homens. No entanto, mulheres renovadas e revigoradas poderiam aumentar muito mais a produtividade que a expectativa das empresas e se tornar fontes de inspiração, criatividade e *insights*, numa era em que as empresas têm de ser criativas e flexíveis para ficarem à frente da competição.

Essa ideia não pressupõe que as mulheres não estejam à altura dos homens, apenas que somos diferentes, e que o ambiente profissional masculino pode restringir o potencial máximo de nossos talentos e capacidades. Muitas empresas oferecem aos empregados "pausas para fumar" pressupondo que colocarão em dia o trabalho, mais tarde. Não há motivo para que as mulheres não tenham "pausas de saúde" mensais com o mesmo pressuposto.

> Seria de pensar que o mundo profissional estaria interessado em usar o máximo potencial criativo e inspirador que as mulheres podem oferecer!

A hibernação da fase Reflexiva

A fase *Reflexiva* pode parecer um período de hibernação e retiro. Parece que é necessário mais esforço para fazer qualquer coisa, desde pensar e interagir com as pessoas até simplesmente andar ou se movimentar. Nossa motivação e entusiasmo naturalmente tiram uma folga merecida, mas isso não significa que não estamos avançando na realização de nossos sonhos e objetivos; por um tempo, no entanto, seguimos a corrente em vez de remar com vigor.

Quando nossa mente nos força a sermos mais ativas durante essa fase, costumamos ficar com raiva, frustradas e estressadas. Por isso, é importante encontrar maneiras de lidar com as exigências, de forma a dar apoio a essa fase.

O cansaço físico e mental pode causar problemas significativos, e é por esse motivo que o planejamento é uma das chaves para usarmos os ciclos para gerar sucesso. Se começarmos a planejar as tarefas na fase *Dinâmica* para que condigam com nossas capacidades dos Períodos

Ideais do mês seguinte, será mais possível levarmos em conta a hibernação da fase *Reflexiva* e fazermos as coisas em ritmo mais tranquilo.

Um dos aspectos de maior efeito da fase *Reflexiva* é a tendência a buscar a solidão e se retirar emocionalmente das interações sociais. Podemos nos sentir indiferentes às necessidades e preocupações das pessoas e não sentir interesse por suas ideias, projetos ou trabalho em geral. Se nos dermos um pouco de "espaço" físico e ficarmos mais longe dos colegas, isso pode ajudar a diminuir a quantidade de exigências sobre nossa energia e atenção.

O problema do distanciamento social, no entanto, é que colegas e clientes podem interpretar de maneira negativa esse comportamento, encarando-o como forma de rejeição, reprovação, falta de validação positiva ou de comprometimento. Em vez de passar essa impressão às pessoas, devemos agendar nosso retiro e assegurá-las de que o tempo e o esforço necessários para o projeto, a tarefa ou o relacionamento virão em alguns dias. As pessoas são muito boas em detectar dissimulação, então precisamos deixar para depois as tarefas que envolvam terceiros, como avaliar funcionários, tentativas de venda, realizar entrevistas ou fazer novos contatos, e reagendar essas atividades para a fase *Expressiva*.

Além de nos afastarmos das pessoas para não passarmos impressões erradas, pode ser também que seja preciso nos afastarmos para nossa própria proteção. Na fase *Reflexiva,* pode nos faltar tanta motivação e entusiasmo que acabamos nos desligando dos nossos desejos e necessidades, e é muito possível deixarmos de defender nossas ideias e opiniões. Nada parece importante, mesmo nossos objetivos e ambições. Infelizmente, isso significa que podemos acabar nos envolvendo em projetos ou decisões profissionais que não nos são adequados, por não transmitirmos nossos argumentos.

Se na fase *Dinâmica* tivermos a chance de deixar as reuniões para depois, não só ligaremos para os resultados como teremos também autoconfiança para defender nosso ponto de vista, capacidade mental de convencer outras pessoas e energia para agir.

A atitude de "tanto faz" da fase Reflexiva para com a consciência de nós mesmas

A atitude de "tanto faz" da fase *Reflexiva* faz dela um Período Ideal para priorizarmos a vida, uma vez que nada tem prioridade. Se algo for realmente importante, valerá o esforço de vencer nossa inação natural. Assim, acabamos percebendo muito rápido o que é necessário e o que é opcional.

A fase *Reflexiva* nos faz questionar naturalmente: "Vale a pena o esforço de ir trabalhar?"; "Vale a pena o esforço de terminar este relatório?"; "Vale a pena o esforço de levar as crianças para tal evento?"; "Vale a pena limpar a casa?"; "Vale a pena fazer qualquer coisa que seja?"; "Vale a pena ter objetivos de vida e de sucesso?".

Tudo pode dar a impressão de exigir esforço demais quando estamos com pouca energia. Em vez de ser uma atitude negativa, isso pode se tornar uma ferramenta útil para o desenvolvimento pessoal e a realização de objetivos. Podemos observar aspectos da vida e de nós mesmas e ver se vale mesmo a pena continuar com os padrões atuais de comportamento e pensamento.

Recebemos a oportunidade natural de nos perguntar qual a importância de fazer as coisas; não apenas aquelas pequenas do dia a dia, mas as grandes também!

A fase *Reflexiva* nos força naturalmente a deixar as coisas de lado e parar. Nas outras fases, somos motivadas por nossos desejos e expectativas, pelo nosso ego e objetivos e pela necessidade de movimento e sucesso, de demonstrar a nós mesmas nosso valor. De uma hora para outra, essa fase nos obriga a deixar de lado a motivação, mas o mais importante é que nos obriga a deixar de lado também o medo e a ansiedade. Quando isso acontece, desistimos de ligar para os resultados, para nossas expectativas, necessidades e temores e para o que os outros pensam. Em vez disso, simplesmente aceitamos o aqui e o agora.

Um exemplo é o efeito que a exaustão tem sobre nós. Viajei para a Jordânia de avião e, em seguida, embarquei em uma longa jornada de ônibus pelo deserto, rumo a um hotel. Quando cheguei ao hotel, estava muito exausta. Ele estava sendo reformado, portanto a parte de dentro era um local em obras, mas eu só conseguia pensar em arrumar uma cama para dormir. Não dava a mínima para a bagunça ou para onde estavam minhas malas. Tudo o que queria era algo macio para me deitar e uma porta que trancasse; nada mais importava. A exaustão reduzira todos os desejos, as necessidades, as expectativas e toda a motivação somente para o que era essencial no momento.

A fase *Reflexiva* pode ser semelhante a essa experiência. Quando não temos energia para lidar com o futuro, ele desaparece para nós e deixamos de nos preocupar com as expectativas do que pode ou não acontecer. Nossa longa lista das coisas que queremos para ser felizes também desaparece.

Isso traz consigo a pergunta: **se conseguimos parar de ligar para alguma coisa durante a menstruação, essa coisa continua sendo importante o bastante para que voltemos a ligar para ela durante a fase *Dinâmica* ou podemos deixá-la para trás?** Algumas coisas tornamos a pegar, pois são hábitos; mas, quando usamos essa fase para decidir de maneira consciente o que deixar para trás e o que levar adiante, não só acrescentamos o poder do profundo comprometimento à nossa motivação no mês seguinte como também mudamos nosso ser. Entramos no novo mês como novas mulheres!

É difícil explicar quão importante e poderosa é a fase *Reflexiva* para nós, por ser ela tão diferente da abordagem e das expectativas do mundo moderno. Usar ativamente essa fase para rever conceitos é algo que pode ter grande efeito positivo em nosso bem-estar, em nossa felicidade, na autoconfiança e na atitude no mês seguinte.

Autocorreção definitiva da fase Reflexiva

A fase *Reflexiva* é o Período Ideal para a autoaceitação, pois a atitude natural de "tanto faz" também se aplica a nós mesmas. Com pouca energia mental, física e emocional para "corrigir" a nós mesmas, acabamos nos aceitando do jeito que somos, com celulite e tudo mais!

> A autocorreção definitiva da fase Reflexiva é: não há o que corrigir!

Há pouca distância entre a autoaceitação e o amor-próprio, mas uma coisa só se transforma em outra se nos entregarmos mentalmente à fase e não tentarmos anulá-la com vigor e substâncias estimulantes.

Uma vez que nos desapegamos das coisas, aceitamos a nós mesmas e nos rendemos à necessidade de descanso físico; podemos sentir profunda conexão com o universo, incluindo-se aí a paz e o amor interiores. Quanto mais nos permitimos manifestar essa conexão interior nesse período do mês, mais acessível ela fica para nós no mês inteiro, e com isso adquirimos a capacidade de nos distanciar das emoções, dos pensamentos e dos acontecimentos.

A fase *Reflexiva* nos oferece um caminho exclusivamente feminino para viver a vida sob uma perspectiva geral. É essa percepção mais elevada da vida que alivia o estresse, o desgaste e as tensões do dia a dia e nos abre para sermos mais flexíveis, adaptáveis e amorosas.

Se passamos por muito estresse, ou se a fase *Criativa* foi mais perturbadora que o normal, pode levar alguns dias da fase *Reflexiva* para pararmos de combater e começarmos a nos entregar e a nos render à percepção mais geral e à atitude de "tanto faz".

Se não nos permitirmos descansar durante a fase *Reflexiva*, poderemos levar mais tempo para desenvolver as energias e capacidades da fase *Dinâmica*, ter menos energia no decorrer do mês ou manifestar sintomas físicos que nos obrigarão a parar. Esse descanso, no entanto, não se resume a dormir mais ou assistir à televisão. Ele precisa consistir em reflexão ativa.

> Faça uma pausa ou seu corpo o fará por você!

Revisão na fase Reflexiva

A fase *Reflexiva* é o Período Ideal para nos voltarmos para dentro e refletirmos. É o Período Ideal para ponderar os acontecimentos, sentimentos e pensamentos do mês anterior, para rever nossos projetos e objetivos atuais e para nos comprometermos com a mudança.

Essa fase é muito focada no saber e no sentir interiores; sentir a necessidade de mudar, sentir o tipo certo de mudança e sentir comprometimento com essa mudança.

É melhor, no entanto, deixar para planejar os detalhes, as soluções e como e quando elas serão implementadas durante o Período Ideal da fase *Dinâmica*. Dentro da fase, o Período Ideal para a reflexão se desenvolve no próprio ritmo. Às vezes, a atitude de "tanto faz" dura a semana toda; outras vezes, apenas dois ou três dias. À medida que saímos da experiência quase meditativa da fase *Reflexiva*, podemos voltar nossa atenção para a revisão, para o sentir e para a imaginação.

É o momento de nos perguntarmos:

"O que sinto que devo fazer de maneira diferente?".

"O que sinto que precisa mudar e como?".

"Qual seria o resultado? Como me sentiria?".

"Sinto-me comprometida com essa mudança? Se não, por acaso essa mudança é a correta? E o que eu poderia mudar para sentir que ela está correta?".

Essa é a fase apropriada para sonharmos acordadas, imaginarmos situações diferentes e como nos sentiríamos nelas. Podemos imaginar que estão realizados nossos objetivos de longo prazo, que estão concretizadas as mudanças de curto prazo; podemos imaginar soluções para problemas corporativos e novas ideias para nossos projetos. Quanto mais vivamente sonhamos acordadas, mais aprimoramos nossos sentimentos, mais reais nossas ideias se tornam para o subconsciente e mais aceitamos mudar em nível profundo, para que elas se tornem realidade. Em outras palavras, ficamos mais comprometidas.

Como na fase *Criativa*, o subconsciente também nos responde com ideias inspiradas e saltos de *insight*. A beleza desse Período Ideal é que podemos fazer mudanças positivas profundas e duradouras não apenas em nosso trabalho e na vida profissional, mas também em nossa personalidade e em como interagimos com o mundo.

Usando esse período para refletir, podemos entrar correndo na fase *Dinâmica*. Já sabemos o que precisa mudar no projeto para que ele funcione melhor (*fase Criativa*); imaginamos os diferentes cenários e comprometemos nossas emoções com a mudança (*fase Reflexiva*); ficamos energizadas para implementá-la (*fase Dinâmica*).

Este surto de entusiasmo pode chocar os colegas que se acostumaram com nossos dias de hibernação, então pode ser bom avisá-los que em uma semana vamos sacudir o projeto!

A fase *Reflexiva* também nos dá a oportunidade de substituir a programação profunda do nosso interior. Na fase *Criativa*, sentimos as emoções e nos desapegamos delas. Na *Reflexiva*, temos a oportunidade de processar a mensagem por trás dessas emoções e de desenvolver novas crenças e padrões de pensamento. A fase *Criativa* é como o outono: deixamos cair as folhas emocionais; e a *Reflexiva* é como o inverno: decidimos quais novas folhas crescerão e onde as deixaremos crescer quando a energia voltar, na primavera.

Tornamo-nos capazes de deixar para trás os efeitos dos acontecimentos do mês passado e entrar na fase *Dinâmica* renovadas. Não temos de levar o passado conosco. Durante essa fase, podemos escolher o que levar e o que deixar. Por exemplo, se um colega nos importunou no mês passado, qual é o motivo de levar a raiva para o mês seguinte e acabar gerando um relacionamento profissional ruim? Podemos deixar essa raiva e esse padrão de comportamento para trás com a reflexão da fase, aceitar a nós mesmas e sentir que estamos em nosso lugar no mundo. Isto é, quando tivermos de trabalhar com essa pessoa novamente, o faremos de uma perspectiva de empoderamento, sem sentir necessidade de nos vingar ou validar nossa opinião.

Quando não paramos para reconhecer as mensagens do subconsciente durante a fase *Criativa*, o estresse e a tensão resultantes podem nos acompanhar na fase *Reflexiva*, obrigando-nos a lidar com eles antes ainda de entrar na fase *Dinâmica*.

Quando a mente se opõe aos desejos e às necessidades do nosso eu mais profundo, pode ser difícil deixar as coisas para trás e nos rendermos à fase *Reflexiva*. Às vezes, a batalha se repete todos os meses e é tão longa que pode ser difícil desistir dos hábitos da tensão, do estresse e do conflito. É nesse ponto que precisamos nos retirar do mundo, talvez para deitar no escuro e ter a coragem de perguntar: "Beleza. O que está acontecendo?".

A cada mês, a fase *Reflexiva* não só nos dá a oportunidade de recriar quem somos como também a capacidade de saber o que criar. Quando nos damos tempo e espaço para nos retirar e nos voltar para o interior durante a fase *Reflexiva*, para usar os sentimentos como mensagens do nosso eu mais profundo, essa fase se torna um período belo e transformador e uma experiência que nos dá apoio.

Oportunidades da fase Reflexiva

A fase *Reflexiva* é um período natural de hibernação e recolhimento. Nesse caso, quais capacidades e habilidades esse Período Ideal oferece para a vida diária? Uma vez que reconhecemos que esse período pode ser difícil no trabalho, o que devemos buscar e quais estratégias devemos usar para fazer dele um período produtivo na carreira e para a realização de objetivos?

Capacidades

- Capacidade de esquecer, perdoar e deixar o passado para trás.
- Reflexão e ponderação profundas.
- Restauração física e renovação de energias.
- Fazer mudanças e nos comprometer 100% com elas.
- Sentir intuitivamente a direção a seguir ou a ação correta, assim como o panorama geral.
- Entender intuitivamente de que precisam os projetos, as tarefas ou as pessoas.
- Estado meditativo natural.
- Acesso a ideias e informações subconscientes.
- Conexão profunda com o universo além das preocupações do dia a dia.
- Capacidade de reavaliar atividades, objetivos e a vida com sentimentos e intuições, não com pensamentos.
- Imaginar, de maneira positiva, diferentes futuros, soluções e objetivos, para sentir se as coisas vão bem e criar comprometimento.
- Sentir profunda paz interior.
- Descansar o ego.
- Aceitar as coisas como são.
- Não se incomodar com nada, apenas com as necessidades mais básicas.

- Capacidade de "seguir o fluxo".
- Existir "no aqui e agora", não dentro da nossa cabeça.
- Amar os prazeres simples da existência.
- Capacidade de sermos felizes com aquilo que temos, sem a motivação de mudar ou de possuir mais.
- Capacidade de sermos gentis e amar e aceitar a nós mesmas.
- Criar conceitos e soluções do nada.
- Imaginação criativa.

O que não funciona tão bem:

- Ter a expectativa de ser concentrada e dinâmica.
- Trabalhar com outras pessoas e fazer *networking*; interações sociais.
- Trabalhar muitas horas ou iniciar novos projetos.
- Tarefas detalhadas e voltadas para o lado estrutural das coisas.
- Atividades físicas. Por exemplo, correr para fazer as coisas, viajar etc.
- Aprendizado, pensamento e planejamento lógicos.
- Tentar se motivar pelo entusiasmo.
- Não dormir.
- Exercícios físicos e esportes.

Com o que devemos ficar atentas:

- Sentimentos de desconexão, de falta de interesse; busca por retiro e por afastamento social.
- Atitude de "tanto faz!"; ficar cansada demais para defender algo ou um ponto de vista.
- Falta de entusiasmo e motivação.
- Efeito que o afastamento e o isolamento emocional têm sobre as outras pessoas.
- Necessidade de ambiente acolhedor.

- Não faça planos para as mudanças; deixe para definir os detalhes na fase *Dinâmica*.
- Compromissos feitos com base na emoção mudarão sua vida.
- Permita-se dormir mais e relaxar.
- Ignorar ou odiar esse recolhimento natural é algo que gera estresse.
- Diminuição natural na quantidade de alimentos consumida.
- Criar objetivos e expectativas fora da realidade para a fase.
- Deixar de planejar essa fase na fase *Dinâmica* anterior.
- Sentir-se vitimizada ou sobrecarregada com as exigências e expectativas das outras pessoas.
- Impulso de deixar tudo para lá, até as coisas importantes.
- Ter a expectativa de que as outras pessoas saibam o que acontece dentro de você.

Estratégias:

Físicas

- Faça uma pausa da academia por alguns dias.
- Tire cochilos durante o dia.
- Mude a rotina, para que inclua mais silêncio e sono.
- Se conseguir organizar um dia na cama, faça-o!
- Medite ou apenas descanse em silêncio, de preferência na natureza.
- Use doses extras de cafeína apenas quando necessário.
- Desacelere. Ande mais devagar, faça menos coisas.
- Dê ao corpo alimentos mais simples, mais saudáveis, não industrializados.

Emocionais

- O recolhimento a protege das exigências emocionais das outras pessoas.

- Evite grandes decisões. O fato de você estar muito cansada para se importar com as coisas pode permitir que outras pessoas tirem vantagem de você.
- Lembre-se de que a falta de motivação e entusiasmo passará com o início da fase *Dinâmica*.
- Reflita sobre as coisas que a aborrecem na fase *Criativa*. Peça ao subconsciente que lhe dê a mensagem e a solução centrais.
- Não se sinta culpada por não trabalhar tão duro quanto as outras pessoas; sempre é possível ficar em dia na fase *Dinâmica*.
- Se se sentir em "êxtase", aproveite. Tem gente que paga muito dinheiro para se sentir assim.
- Comunique-se com a natureza. Há uma afinidade acolhedora natural com a natureza durante essa fase.
- Imagine diferentes cenários associados a decisões ou a situações complexas para favorecer que o subconsciente se adapte; sinta-se seguro e preparado para gerar sentimentos positivos de empoderamento para o mês seguinte.
- Confie que seu conhecimento interior e suas decisões mudarão nessa fase. Eles virão de áreas mais profundas e isso a ajudará a se comprometer.

No trabalho
- Pare para reavaliar seus sentimentos sobre projetos e tarefas.
- Sonhe acordada com projetos, tarefas e problemas. Não tente forçar respostas; simplesmente tome consciência dos sentimentos.
- Confie na intuição.
- Experimente ideias, projetos, mudanças, planos, objetivos e sonhos. Isso ajuda o subconsciente a aceitar as mudanças que você quiser fazer e se adaptar a elas.

- Fora do trabalho, faça coisas que a apoiem. Digamos, um banho no início da noite com óleos de aromaterapia, velas, música e chocolate!
- Continue semeando ideias e soluções criativas no subconsciente, mas lembre-se de que o tempo de resposta será maior que na fase *Criativa*.
- Se possível, evite eventos sociais e de *networking*. As pessoas vão perceber que você não está se sentindo naturalmente extrovertida.
- Permita-se desacelerar. Faça o que for necessário, mas nada mais. Você pode colocar as coisas em dia mais para a frente no mês.
- Fique atenta aos momentos que sentir energia no trabalho e use-os para fazer tarefas em que precisa de capacidades mentais.
- Diga aos colegas que estará menos disponível por alguns dias.
- Diga também a eles e aos clientes que sua falta de atenção e entusiasmo nos próximos dias não significa que eles não sejam importantes.
- Evite reuniões de negócios; é difícil que você participe ativamente e pode ser que não ligue para as exigências do projeto.
- Delegue tarefas sempre que possível, mas somente para pessoas em quem confie completamente; não haverá energia ou força de vontade para verificar o trabalho de ninguém.
- Mantenha a simplicidade em tudo. Não assuma muitas tarefas de uma só vez.
- Entenda que forçar a si mesma a fazer as coisas durante essa fase é fator de estresse.
- Quando possível, deixe para aprender novas habilidades e obter novas informações na fase *Dinâmica*.
- Lembre-se de que tudo que fizer durante essa fase, que não entre em harmonia com ela, pode causar frustração e estresse.

Seu trabalho também não será melhor, mas pode ser que você não ligue para isso!
- Nem pense em fazer mais de uma coisa ao mesmo tempo, a menos que haja planejamento e boa gestão de prioridades. Mesmo assim, pode ser que não funcione.
- Ajude os outros dando-lhes algumas diretrizes de como abordá-la ou peça-lhes que não falem com você. Não tenha a expectativa de que os outros consigam ler sua mente.

Realização de objetivos:
- Desfrute de uma folga e simplesmente seja. Não planeje ações específicas ou tarefas para essa fase, principalmente no início.
- Pergunte-se o que perdeu no mês passado (ou nos meses passados) e precisa obter de volta para se sentir realizada.
- Use experiências e sentimentos turbulentos da fase *Criativa* como fonte de orientação para o que mudar ativamente no mês seguinte.
- Decida com o que vai se comprometer. Lembre-se de que as decisões tomadas nesse período podem ter efeitos drásticos.
- Esse é o momento para mudar o objetivo principal se ele parecer estar errado. Encontre uma formulação verbal, uma imagem ou um desejo que sinta que está totalmente certo.
- Rotinas de exercício costumam desmoronar nesse período. Isso é natural, uma vez que o corpo busca uma pausa para restaurar as energias. Não se sinta culpada, apenas acompanhe seu corpo e comece novamente na fase *Dinâmica*.
- Sonhe acordada sobre como você se sentiria se seu objetivo principal fosse concretizado.
- Teste mentalmente ideias, projetos e objetivos. Imagine uma conversa sobre essas coisas com o subconsciente.

- Em específico, teste mudanças propostas mentalmente para permitir que o subconsciente fique confortável com as possíveis mudanças.
- Como na fase *Criativa*, ainda é possível semear inspiração em nível subconsciente, mas ela levará mais tempo para surtir efeitos.
- Procure reparar em tensões e relutâncias que sugiram resistência e imaginar o que as causa, assim como a solução para elas.
- Mais perto do final da fase, pense nos objetivos e em que fará no mês seguinte.

Desafios:
- Aceitar a fase.
- Parar fisicamente.
- Aproveitar a fase.
- Planejar um "tempo ocioso".

Suas ideias de atividades para a fase Reflexiva

Capítulo 6

Trabalhando com o Período Ideal da Fase Dinâmica

A fase *Dinâmica* é a em que podemos fazer mais coisas – daí o nome: "dinâmica"! Pode ser a fase mais empoderadora, mais produtiva e mais recompensadora de todo o ciclo, principalmente porque a intensificação de nossas capacidades e habilidades combina com as expectativas modernas de trabalho e produtividade. E esses sentimentos de nova energia e novas habilidades e capacidades ampliadas são resultado direto do tempo de hibernação da fase *Reflexiva*. Criamos esse maravilhoso Período Ideal de energia e ação por termos deixado que nosso corpo, nossa mente e nossas emoções descansassem e se restaurassem.

A fase *Dinâmica* é um Período Ideal tão bom para a realização, o sucesso e o progresso que muitas mulheres não gostam do fato de que ela não dura muito. É a fase mais mentalmente produtiva de todo o ciclo e a que pode ter o maior efeito em termos de realizações e sucessos futuros.

> A fase *Dinâmica* é a mentalmente mais produtiva do ciclo menstrual.

A felicidade da fase *Dinâmica* é o sentimento que ela traz de autoconfiança, independência, energia física e clareza mental que nos empoderam a agir. É a hora de dar passos e iniciar as façanhas revolucionárias que mudarão nossa vida.

Visão geral da fase Dinâmica

A fase *Dinâmica* é o início de um novo ciclo e de um novo mês de planejamento. Saímos da hibernação da fase *Reflexiva* com o corpo, a mente e as emoções revitalizados e prontas para ir ao encontro do mundo e fazer as coisas acontecerem. É uma fase de muita animação. As energias, o entusiasmo e a autoconfiança ficam naturalmente elevados e ficamos prontas para iniciar novos projetos, colocar em dia as tarefas que sobraram do mês anterior e reinventar a nós mesmas para o mês seguinte.

Nessa fase, a memória fica mais afiada, o pensamento fica mais claro e mais lógico, ficamos com maior poder de concentração e adquirimos a capacidade de apreender o panorama geral,

> "Com o passar dos anos, percebi que minha sociabilidade e exuberância se intensificavam durante a fase pré-ovulatória. Isso aprimorou o meu trabalho como palestrante e treinadora entre meus 40 e 50 anos. Podia contar que tudo daria certo se estivesse palestrando durante esse período: cheia de energia e muito atenciosa com o público. As palestras durante as outras fases do ciclo não eram necessariamente menos eficazes, mas exigiam mais foco e concentração para terem sucesso… em questão de energia e entretenimento, nada podia alcançar meu nível de "desempenho" quando eu estava na pré-ovulação." – Laura, Diretora Executiva, Acesso à Saúde Sexual, Alberta, Canadá.

além de dar atenção aos pequenos detalhes. Podemos sentir forte impulso de fazer as coisas e agir para mudar e atingir novos objetivos. Fisicamente, ficamos com mais energia, precisamos dormir menos e conseguimos ficar mentalmente ativas por mais tempo durante o dia; conseguimos trabalhar ou festejar até tarde da noite. A autoconfiança elevada nos torna mais sociáveis e mais diretas, e com essas características, combinadas com capacidade de entusiasmo, motivação e forte crença em nós mesmas, sentimos que não há nada que não possamos realizar nessa fase.

Já vimos que o ciclo pode ser visto como um padrão em que a conexão com o subconsciente fica ora mais forte, ora mais fraca, e a fase *Dinâmica* nos afasta do mundo intuitivo e nos leva de volta aos processos de pensamento racionais, estruturados e focados no exterior que caracterizam a percepção do dia a dia.

Como a fase *Criativa*, a *Dinâmica* é uma fase de transição, em que a energia física e a orientação no mundo mudam. Ao passo que a fase *Criativa* é uma época de enfraquecimento da energia física e em que ficamos mais voltadas para o mundo subconsciente, na fase *Dinâmica* essa energia física se intensifica e ficamos mais voltadas para o mundo exterior. Ambas as fases têm forte ênfase no ego, na força de vontade e em nossos desejos e necessidades, e podemos nos sentir muito frustradas quando as coisas não acontecem de acordo com nossas expectativas. Em particular, na fase *Dinâmica*, isso pode acontecer simplesmente porque as outras pessoas não conseguem acompanhar nosso ritmo enquanto explodimos com ideias, energia e mecanismos de ação!

Se não destinarmos o tempo e o espaço necessários para trabalhar com o subconsciente durante a fase *Criativa* ou *Reflexiva*, ele pode agir de modo inconveniente na fase *Dinâmica*. Por exemplo: neste mês venho fazendo muito esforço mental e, agora que entrei na fase *Dinâmica*, estou me esforçando ainda mais para escrever relatórios, estruturar e delinear projetos e colocar em dia as coisas que deixei passar na lista de prioridades. Isso é ótimo para a fase *Dinâmica*, mas também estou me sentido estressada e frustrada. Por quê? Por que não interagi com minhas necessidades interiores profundas durante as fases *Criativa* e *Reflexiva*.

O remédio para isso é separar algum tempo de descanso para que eu dê aos meus sentimentos e às necessidades subconscientes a atenção e a validação que exigem. Isso pode ser mais difícil de fazer na fase *Dinâmica* que nas outras duas; eu deveria ter seguido minha intuição e feito essas coisas durante os Períodos Ideais.

Também podemos manifestar redução de sensibilidade emocional e de vulnerabilidade na fase *Dinâmica*, o que faz dela o Período Ideal para termos discussões "complicadas", como fazer reclamações, defender nossos direitos, comunicar nossos argumentos e realizar autoanálise. No entanto, acabamos dando a impressão de não termos empatia, por isso é melhor deixarmos as discussões de relacionamento, nas quais apoiamos colegas, familiares e amigos, para a fase *Expressiva*, em que ficamos mais empáticas.

A mudança da fase *Reflexiva* para a *Dinâmica* pode variar de mês para mês. Todavia, quando acordamos nos sentindo mais confiantes, mais mentalmente afiadas e mais motivadas e entusiasmadas, é um bom indicativo de que entramos na fase *Dinâmica*.

Um novo mês, um novo começo

A fase *Dinâmica* é o sonho do *coach* pessoal! É o Período Ideal para decidir o que faremos a seguir na vida, para entender quais objetivos vamos empreender no mês e para começar a delinear as ações cruciais para realizá-los.

O alto nível de entusiasmo e autoconfiança geram motivação para começar novos projetos, agir e sair da zona de conforto com muita facilidade. Também passamos a acreditar naturalmente em afirmações positivas, da mesma maneira que acreditamos naturalmente nas afirmações negativas durante a fase *Criativa*. Portanto, a fase *Dinâmica* é o momento ideal para usarmos afirmações para estimular e orientar a motivação.

A fase *Dinâmica* é bastante centrada em **nós mesmas**; nossos sonhos, nossas necessidades e nossos desejos. Podemos acabar parecendo egoístas, ligando apenas para nossos objetivos, e pode parecer que nos falta compaixão e paciência. Se pensarmos sobre nossas energias no tocante ao lado hormonal do ciclo menstrual, essa fase fica muito compreensível. É a fase de antes da liberação do óvulo, então há menos possibilidade de engravidar. A natureza nos proporciona esse espaço único e esse conjunto de habilidades e energias para trabalharmos nossos sonhos pessoais e para empoderarmos nossa individualidade.

> A natureza nos proporciona a oportunidade de criarmos nossos objetivos pessoais e as capacidades ideais para os realizarmos.

Algumas mulheres acham difícil usar a energia da fase *Dinâmica* porque se sentem desconfortáveis quando colocam suas necessidades à frente das dos outros. Elas veem o comportamento natural dessa fase como algo não natural de uma mãe ou de uma mulher. Contudo, essa fase é um Período Ideal tão bom para a realização, para o sucesso e para progredir que muitas mulheres também têm o sentimento oposto – que a fase não dura o bastante!

A fase *Dinâmica* nos dá a oportunidade de manifestar uma energia e uma percepção mais masculina que podem ser grande vantagem no mundo profissional moderno voltado ao sucesso e à realização de objetivos. Se, no entanto, tentarmos ignorar as outras fases, deixamos de aproveitar não somente algumas capacidades maravilhosas e oportunidades de crescer, mas o mais importante que perdemos são os sentimentos de estarmos completas, de realização e de bem-estar que resultam da vida em harmonia com nossas fases.

A fase *Dinâmica* é o "tiro de partida" da corrida. Se ficássemos nessa fase, jamais desenvolveríamos a resistência física ou o comprometimento para a corrida longa. Quando usamos essa fase como ponto de partida para novas ações e novos projetos, e a apoiamos com o acolhimento da fase *Expressiva*, com a criatividade da fase *Criativa* e a capacidade de revisão da fase *Reflexiva*, nos empoderamos não apenas para mudar, mas também para realizar objetivos de longo prazo e desejos ardentes aparentemente inatingíveis.

Afirmações positivas na fase Dinâmica

A fase *Dinâmica* chega com forte crença na positividade. Não ficamos apenas otimistas sobre o futuro, mas também acreditamos piamente em nós mesmas. Acreditamos naturalmente que conseguiremos fazer qualquer coisa!

No capítulo sobre a fase *Criativa*, vimos que as afirmações positivas – declarações positivas que fazemos para mudar nossos processos de pensamento – não funcionam porque nosso ágil "cãozinho mental" vai e pega todas as provas de que elas não são verdadeiras. Na fase *Dinâmica*, no entanto, não se trata de precisar de provas; já começamos com a profunda sensação de que o positivo é verdade.

Então, para que usar afirmações positivas nessa fase? O cérebro funciona com processos repetitivos para construir conexões neurais, e, quanto mais dessas conexões construirmos, mais naturalmente propensas ficaremos a pensar e agir de determinada maneira. Repetir declarações benéficas sobre nós mesmas durante a fase em que naturalmente acreditamos nelas nos ajuda a organizar, na mente, os pensamentos e as emoções que os acompanham.

Fazer isso cria uma valiosa ferramenta que nos auxilia a levar as emoções positivas conosco para as fases mais complicadas, a *Criativa* e a *Reflexiva*.

Se trabalharmos com afirmações no decorrer das fases *Dinâmica* e *Expressiva* e para reconhecer e liberar toda a resistência subjacente do subconsciente durante as fases *Criativa* e *Reflexiva*, obteremos um método poderoso para fazer mudanças profundas e duradouras. Há muitos livros que fornecem diretrizes de como usar as afirmações positivas, mas a maneira mais simples é criar uma frase curta, no presente, sobre algo que queríamos ter, ser, sentir ou realizar. Devemos, então, escrever ou proferir a frase em voz alta, repetindo-a várias vezes ao dia. Veja o dia 11 do Plano Diário da Mulher Realizada, onde descrevo como criar uma afirmação positiva. Pode ser que você já tenha usado afirmações positivas sem perceber os efeitos. Como com qualquer outro método de desenvolvimento pessoal, pode ser que a técnica não fosse apropriada à fase do ciclo de quando foi praticada.

A tendência ao entusiasmo da fase *Dinâmica* nos torna propensas a enfatizar demais as afirmações e a criar afirmações demais que se enquadrem em todos os diversos objetivos e projetos que estão sendo desenvolvidos. Também podemos acabar criando frases muito longas, incluindo tudo o que queremos! Normalmente, quando levamos conosco essas várias afirmações à fase *Expressiva*, elas mudam de maneira natural. Ficamos mais confortáveis com afirmações mais simples e, muitas vezes, as reduzimos a uma ou duas afirmações principais. Podemos também ter de mudá-las um pouco para respondermos a elas emocionalmente (ver o Dia 14 do Plano Diário da Mulher Realizada).

Na fase *Dinâmica* do mês seguinte, acabaremos criando muitas outras afirmações, mas as mais poderosas se tornarão as principais, que repetiremos mês após mês.

Ancoragem empoderada

Outro método de desenvolvimento pessoal que se beneficia de ser estabelecido durante a fase *Dinâmica* e reforçado na *Expressiva* é uma técnica de Programação Neurolinguística (PNL) chamada "ancoragem". Essa técnica envolve imaginar uma situação que gere sentimentos positivos e usar estímulos físicos – por exemplo, pressionar um dedo contra o outro – para "ancorar" esses sentimentos na mente. Depois, quando quisermos mudar nossos pensamentos e sentimentos para manifestar novamente os que preparamos com a prática da ancoragem, apenas repetimos o estímulo físico.

Na fase *Dinâmica*, somos muito mais capazes de acreditar em ideias positivas, por isso as imagens e os sentimentos que geramos são mais fortes e aparentam ser mais reais, o que aprimora a técnica da ancoragem.

Durante as fases *Criativa* e *Reflexiva*, quando é benéfico encorajar mais crenças e pensamentos positivos, podemos usar o estímulo para reconectar sentimentos mais otimistas. A técnica da ancoragem não deve ser usada para tentar consertar essas fases ou para ignorar pensamentos e emoções negativas. Lembre-se de que os problemas surgem em nossa consciência durante as fases *Criativa* e *Reflexiva*, para que sejam reconhecidos e liberados como parte do jeito de apoiar e manter nosso bem-estar e nossa saúde mental e emocional. Usar a ancoragem durante essas fases pode nos ajudar a nos deixar de nos comprometermos emocionalmente com pensamentos e sentimentos negativos, proporcionando-nos a distância necessária para reconhecê-los e lidarmos com eles, acrescentando um pouco de estabilidade na interação com a vida diária.

A mente da fase Dinâmica

As realizações, o sucesso e os resultados são extremamente importantes na fase *Dinâmica*. Não só sentimos necessidade de novos projetos para planejar e estruturar um futuro bem-sucedido como também precisamos concretizar resultados aqui e agora. Por estarmos com motivação para agir e atingir resultados rápidos, podemos nos tornar exigentes, e, quando as coisas não acontecem – ou as pessoas não reagem – rápido o bastante, podemos nos tornar intolerantes, impacientes e frustradas por nos sentirmos impedidas de progredir.

Por esse motivo, precisamos trabalhar em múltiplos projetos e objetivos ao mesmo tempo, para que possamos desviar a atenção e o entusiasmo de um para o outro quando formos impedidas de avançar em um deles. Podemos, dessa forma, manter o sentimento contínuo de realização, necessário para nosso bem-estar nessa fase. Gerir múltiplos projetos fica fácil com nossas habilidades mentais ampliadas e a capacidade de trabalhar em multitarefas.

Essas habilidades também fazem da *Dinâmica* o Período Ideal para colocar as coisas em dia – não somente nos trabalhos que deixamos de lado na fase *Reflexiva*, mas também naqueles de menos prioridade, que nunca chegam ao topo da lista de afazeres.

A fase *Criativa* pode funcionar lado a lado com a fase *Dinâmica* ao nos dar a oportunidade de tirar da lista de afazeres os itens que não são importantes o bastante para serem levados conosco no mês seguinte e para nos proporcionar uma lista priorizada de ações urgentes e essenciais para a fase *Dinâmica*.

A fase *Dinâmica* também é o momento de observar de maneira realista o que realizamos ou não até agora. Identificar e reconhecer a falta de sucesso nessa fase pode ser uma poderosa motivação para "mostrar que somos capazes", em vez de servir como prova de como somos um fracasso, como seria mais provável acontecer na fase *Criativa*.

A memória aprimorada da fase *Dinâmica* combinada com a capacidade intensificada de processar novas informações faz dela o Período Ideal para pesquisar assuntos e seus detalhes, aprender novas habilidades e informações, participar de cursos, estudar desenvolvimento pessoal, colocar em dia a leitura, descobrir como implementar novas estruturas ou *softwares*, explorar como funcionam as coisas, ler as letras miúdas da área jurídica ou contábil – a lista não tem fim.

Nosso intelecto e raciocínio intensificados nos deixam emocionalmente menos vulneráveis e sensíveis e mais capazes de ver as situações de forma pragmática, além de nos empoderar para contemplar situações que poderiam nos incomodar ou amedrontar durante outras fases.

Sentimo-nos fortes não só para enfrentar essas situações, como também para analisá-las, tomar decisões e agir de maneira apropriada. Esse é o momento para olharmos de forma prática como as decisões que tomamos na fase *Criativa* e com as quais nos comprometemos na *Reflexiva* impactarão nossa vida e a das pessoas ao nosso redor. Tornamo-nos mais capazes de pensar com lógica, quaisquer que sejam as consequências, e de estruturar planos emergenciais.

Essa capacidade de pensar de maneira lógica também nos permite olhar com sobriedade o trabalho e o futuro. Tornamo-nos mais capazes de nos ocupar com ideias de mudança radical, de pesquisar o que for preciso, de ponderar perigos e consequências e de criar estratégias tanto de longo quanto de curto prazos.

Com personalidade e opinião positivas de nós mesmas, este se torna o Período Ideal para progredirmos na carreira, tomar medidas mudar de carreira, para elaborar currículos e participarmos de entrevistas de emprego!

Planejar a vida que queremos

Uma das chaves do Plano Diário da Mulher Realizada é o planejamento, e é na fase *Dinâmica* que podemos de fato praticá-lo. Podemos usar a concentração mental para separar objetivos e listas de tarefas em cronogramas e ações menores, mais organizáveis. Podemos planejar projetos de longo prazo, o mês seguinte ou simplesmente o que faremos no dia.

Ter consciência das datas de nosso ciclo e dos Períodos Ideais, com suas habilidades relacionadas, nos ajuda a determinar se as tarefas planejadas estão em harmonia com o ciclo, e podemos usar a capacidade da fase *Dinâmica* de resolver problemas de modo lógico para fazer com que as atividades ou os planos emergenciais coincidam com as capacidades específicas.

> "A partir de agora, sem dúvida farei o planejamento e a organização durante as fases *Dinâmica* e *Expressiva*." – Melanie, professora, Reino Unido.

O ponto em que a fase *Dinâmica* tem de fato o maior efeito é no planejamento de objetivos de longo prazo. Nossos ciclos são um método natural de orientar pessoalmente a nós mesmas, e é na fase *Dinâmica* que começamos a planejar os objetivos de longo prazo e os planos de ação relacionados ao mês seguinte.

O método clássico de *coaching* pessoal consiste em escolher um objetivo geral e uma data precisa para sua realização, e então definir um plano de ação com objetivos menores e datas determinadas para cada um deles. Datas de revisão também são determinadas para nos ajudar a manter o controle do que realizamos, do que não conseguimos realizar e de se surgiram oportunidades que possam ter alguma influência no objetivo final.

Um dos empecilhos mais comuns para começar a fazer isso é não saber o que realmente desejamos fazer, ter ou ser. Por anos, um amigo disse que queria saber tocar violão. Quando eu lhe sugeria aulas, ele dizia que não queria aprender a tocar violão, só queria saber tocar! Pouco tempo atrás, eu disse a ele que não acredito que realmente queira tocar violão e que, longe disso, acho que só "deseja" que soubesse tocar. Se ele quisesse mesmo tocar, não importaria quantas aulas levasse, ele apenas focaria no objetivo de tocar. Depois de alguns dias, ele me disse que havia decidido marcar a primeira aula!

A diferença entre o que desejamos e o que queremos é que estamos dispostos a agir e caminhar na direção daquilo que queremos.

Podemos usar nosso ciclo para descobrir o que é importante para nós e o que queremos fazer na vida, e para nos ajudar a definir objetivos. Podemos usar a fase *Dinâmica* para pesquisar algumas ideias iniciais; a *Expressiva* para falar sobre coisas com as pessoas à nossa volta; *Criativa* para pedir ajuda ao subconsciente, para sentir e entender o que de fato queremos, e então usar a fase *Reflexiva* para processar tudo dentro de nós, para que, quando se iniciar de novo a fase *Dinâmica*, estejamos comprometidas com os primeiros passos para mudar a vida.

Depois de escolhido um objetivo de longo prazo, a fase *Dinâmica* é a melhor para se analisarem quais ações serão necessárias para realizá-lo e para planejar as tarefas menores e seus cronogramas. Tendemos a prestar muita atenção nos detalhes durante a fase *Dinâmica* e podemos acabar fazendo uma lista muito extensa de afazeres. Nunca olhe essa lista durante a fase *Criativa*! No entanto, podemos dividir nosso objetivo principal em alguns subobjetivos e então apenas pegar um desses subobjetivos e dividi-lo em tarefas menores para o mês seguinte. Podemos determinar os Períodos Ideais em que faremos tais tarefas olhando nossas listas de afazeres, nossas agendas e as datas do nosso ciclo.

Se durante o mês anterior alguma mudança teve impacto no objetivo principal, podemos também usar a fase *Dinâmica* para reavaliar as estratégias de longo prazo e fazer mudanças nelas. Os objetivos de longo prazo não são determinantes. Muitas vezes, quando começamos a caminhar em direção a um objetivo, surgem situações e oportunidades novas e maravilhosas, aparentemente do nada. A fase *Dinâmica* é o Período Ideal para calcular o que precisamos mudar para nos beneficiar com essas novas oportunidades.

Período Ideal da fase Dinâmica

A fase *Dinâmica* nos oferece capacidades e habilidades ampliadas, além de novas energias. Para ter certeza de que usaremos a fase de maneira produtiva, precisamos criar estratégias para não deixarmos de utilizar essas energias e habilidades.

O que são essas capacidades, como podemos usá-las da melhor maneira nessa fase maravilhosa e com que precisamos ficar atentas? Ler esta seção durante a fase *Dinâmica* pode lhe dar mais ideias!

Capacidades da fase Dinâmica:

- Pormenorizar e priorizar.
- Criar estruturas e sistemas.
- Analisar e aprender.
- Iniciar novos projetos.
- Entusiasmo e motivação.
- Autoconfiança e pensamento positivo.
- Idealismo.
- Independência e capacidade de confiar em nós mesmas.
- Motivação interna para batalhar por todos os desafios.
- Disposição em correr riscos.
- Concentração e memória.
- Defender outras pessoas.
- Defender aquilo em que acreditamos.
- Resolução lógica de problemas e raciocínio lógico.
- Tomar decisões.
- Capacidades mentais excelentes.

O que não funciona tão bem na fase Dinâmica:

- Apoiar os outros em nível emocional.
- Compreensão empática.
- Projetos em conjunto, trabalhar no ritmo de outras pessoas.

- Criatividade e ideias abstratas.
- Seguir o fluxo.
- Inatividade ou falta de realizações.
- Delegar poder e responsabilidades.
- Trabalho em equipe.

Com o que devemos ficar atentas na fase Dinâmica:

- Frustração e incômodo quando os outros não acompanham nosso ritmo.
- Frustração por falta de estímulos mentais.
- Frustração por falta de ação, resultados ou progresso.
- Ficamos mais propensas a tomar decisões e correr riscos sem consultar outras pessoas.
- Refletir demais.
- Iniciar coisas de maneira prematura por causa do excesso de entusiasmo.
- Acreditar que estamos certas em tudo.
- Falta de paciência e compreensão emocional.
- Tentar consertar tudo e todos de uma vez.
- Ser sociável, mas muito focada nas necessidades pessoais.
- Aparentar ser fria e insensível.
- Aparentar ser exigente e ameaçadora por causa de frustrações.

Estratégias para a fase Dinâmica:

Físicas

- Inicie novamente a dieta ou a rotina de exercícios.
- Exercite-se regularmente para queimar a energia em excesso.
- Desafie a si mesma fisicamente com alvos mais elevados.
- Desafie a si mesma mental e fisicamente aprendendo alguma atividade física nova.
- Comece a se alimentar de maneira saudável.

- Pare de fumar ou se livre de outros hábitos.
- Mude a rotina.
- Durma menos.
- Saia mais.
- Estimule a mente e o corpo ao mesmo tempo.
- Comece a fazer aulas de dança, *step* ou qualquer outra atividade aeróbica.

Emocionais
- Reserve noites para sair e socializar.
- Divirta-se reconquistando o mundo com viagens, festas e eventos.
- Acredite em todos os pensamentos positivos que tiver de si mesma.
- Aproveite o processo de colocar as coisas em dia e de realizar tudo o que puder.
- Aproveite o processo de iniciar novos projetos.
- Comece a aprender novas técnicas de desenvolvimento pessoal e a designá-las às suas fases.
- Deixe para conversar de peito aberto na fase *Expressiva*.
- Esteja atenta para não amedrontar emocionalmente as outras pessoas.
- Evite achar que esta é a você "de verdade".
- Aceite que essa fase passará e aproveite-a ao máximo!

No trabalho
- Ponha em dia todos os projetos, tarefas e trabalhos que foram deixados de lado durante a fase *Reflexiva*.
- Opere em modo multitarefas para fazer mais coisas.
- Torne a fazer contato com as pessoas após a hibernação da fase *Reflexiva*.

- Aprenda algo novo; faça um curso ou leia aquele manual de *software*.
- Aprenda algo complexo; você pode se surpreender com o que é capaz de entender e reter durante essa fase.
- Analise relatórios e contas, faça cálculos.
- Faça relatórios, gráficos, estruturas e explicações lógicas.
- Crie planos estratégicos e táticos.
- Investigue detalhes, reduza as coisas aos elementos mais básicos.
- Aplique a abordagem da visão geral, planeje para o longo prazo.
- Analise pontos de vista, ideias e competências.
- Lute por aquilo que acredita que é certo.
- Entre em conversas que necessitem de abordagem distanciada – por exemplo, reclamações dos clientes.
- Dê aos colegas tempo para alcançá-la ou deixe para trabalhar com eles na fase *Expressiva*, quando ficará mais fácil trabalhar em equipe.
- Tente não parecer muito exigente ou ditatorial nas comunicações.
- Quando possível, trabalhe sozinha nos projetos; isso lhe permitirá trabalhar no próprio ritmo.
- Negocie ou sirva de mediadora quando houver necessidade de um ponto de vista analítico ou observador.
- Transmita suas ideias, mas o ideal é deixar reuniões cara a cara na fase *Expressiva*.
- Escolha alguns projetos para dar vazão aos sentimentos de entusiasmo e motivação.
- Priorize fazer coisas agradáveis fora do trabalho.
- Use o entusiasmo para motivar os colegas em vez de ameaçá-los.

- Organize sistemas de gerenciamento de tempo para apoiar as próximas fases.
- Planeje reuniões, tarefas e prazos com as outras fases em mente e não se esqueça de usar as capacidades ampliadas que elas oferecem nos Períodos Ideais.

Realização de objetivos:
- Crie planos de ação para o mês seguinte.
- Comece a agir imediatamente em múltiplas tarefas.
- Aprenda novas habilidades e abordagens que possam ajudá-la a alcançar o sucesso e realizar objetivos.
- Compare abordagens e ações com o progresso e o sucesso de outras pessoas e aprenda com elas.
- Use afirmações positivas para programar a mente para a autoconfiança e para o sucesso no restante do mês.
- Use afirmações positivas como suporte para os objetivos.
- Formalize objetivos e planos de longo prazo.
- Pesquise informações que apoiem ações e planos.
- Busque informações analíticas que tenham a ver com seu objetivo.
- Siga o dinheiro; trabalhe com planos e projeções financeiras.
- Planeje e coloque em ação, imediatamente, planos de alimentação saudável e rotinas de exercícios ou dietas relacionados com seus objetivos.
- Avance nos objetivos relacionados a "maus hábitos", reduzindo algum aspecto negativo ou aumentando algum positivo.

Desafios:
- Manter os pés no chão.
- Usar o entusiasmo para motivar, não intimidar.

- Aceitar que as coisas não acontecem tão rápido quanto gostaríamos.
- Reconhecer os sentimentos e as contribuições dos outros.

Suas ideias de atividades para a fase Dinâmica:

Capítulo 7

Trabalhando com o Período Ideal da Fase Expressiva

Algumas mulheres podem não reconhecer a fase da ovulação, porque as energias e a percepção mudam aos poucos. No entanto, outras conseguem perceber certas mudanças físicas que costumam ocorrer com a liberação do óvulo, e essas mudanças nos ajudam a lembrar de verificar nossas capacidades e nossa atitude e reconhecer que estamos na fase *Expressiva*.

Uma das razões de essa fase ser difícil de identificar é que muitas mulheres veem as capacidades e a atitude dela como o resumo da condição de ser mulher e a maneira que sentimos que deveríamos ser o tempo todo. As mulheres costumam ver essa fase como seu "verdadeiro eu", ao passo que duas das outras três fases são vistas como imprestáveis.

A fase *Expressiva* é maravilhosa, com sentimentos de alegria e felicidade, criatividade e expressividade, autoconfiança e realização, altruísmo e amor. É uma fase voltada aos sentimentos, mas, ao contrário dos sentimentos introspectivos da fase *Criativa*, os da fase *Expressiva* são naturalmente positivos e vinculados a relacionamentos e ao ato de se conectar com o mundo e agir criativamente nele.

Seja qual for a atitude que levarmos a essa fase – o alívio de voltarmos a nós mesmas, a alegria por estabelecermos comuni-

> "(*Fase Expressiva*) Um bom momento para trabalhar criativamente: escrever histórias e planejar e elaborar relatórios. Planejar aulas também fica mais fácil, pois as ideias vêm com mais frequência e consistência."
> – Melanie, professora, Reino Unido.

cação com nossa feminilidade, o conforto ou o desconforto por manifestar energias femininas "tradicionais" ou a frustração por causa do desaparecimento da motivação da fase *Dinâmica* –, ela nos oferecerá habilidades e capacidades poderosas para aprimorarmos tanto a vida pessoal quanto a profissional.

Visão geral da fase Expressiva

As capacidades e habilidades da fase *Expressiva* se desenvolvem por volta do momento da ovulação e costumam se manifestar alguns dias antes e alguns dias depois. Como na fase *Reflexiva*, a *Expressiva* é um ponto importante do nosso ciclo, caracterizado pelo enfraquecimento da força motivadora do ego.

Ao passo que a fase *Reflexiva* é um momento de retraimento interior e de renovação, a *Expressiva* é o instante de comunicar e expressar a nós mesmas e nossas energias ao mundo. O ego abre espaço para um foco mais altruísta, fazendo com que vontades, desejos e objetivos se tornem menos importantes para nós e nos tornemos mais empáticas e conscientes das necessidades ao nosso redor. Sabemos que a fase *Expressiva* está no fim quando começamos a manifestar as energias cada vez mais motivadas da fase *Criativa* e ficamos menos altruístas e menos tolerantes!

Durante a fase *Expressiva*, as necessidades e os sentimentos de colegas e clientes ganham maior prioridade que nossos próprios projetos. Também ficamos mais dispostas a "seguir o fluxo" e deixar que as coisas progridam no próprio ritmo. Ficamos mais propensas a acolher projetos, a criar o ambiente ideal para que eles e as pessoas envolvidas se desenvolvam de maneira orgânica, que a agir como potência visionária que obriga todos a seguir diretrizes.

O equilíbrio emocional da fase *Dinâmica* se transforma em força emocional na *Expressiva*. Aqui ele se combina com paciência e aceitação, permitindo-nos nos interessar e validar os pontos de vista e as sugestões de outras pessoas. Vemo-nos menos sensíveis a críticas e mais capazes de entender os sentimentos e a motivação por trás das palavras e das ações de outras pessoas. A atitude natural de acolhimento e a capacidade de escutar e de se comunicar bem indica que esse é o Período Ideal para apoiar projetos e pessoas, construindo equipes, mediando deveres, negociando acordos em que ambos os lados saem ganhando e fazendo *networking* para criar novos contatos profissionais e novas amizades.

No decorrer da fase *Expressiva*, a noção de bem-estar pessoal fica diretamente relacionada à expressão dos sentimentos de amor, reconhecimento, gratidão e atenção. O cuidado pela família e a socialização com amigos são uma grande porção do cuidado por nós mesmas. A força interior também serve para nos envolvermos na vida de outras pessoas sem nos sobrecarregarmos com suas necessidades – algo que acontece com muita facilidade durante a fase *Criativa*. Vendo essa fase do ponto de vista da natureza, esta está nos preparando para sermos mães: cuidar de um filho e para criar as conexões sociais por meio das quais ele e nós mesmas receberemos apoio.

A fase *Expressiva* é o Período Ideal para ir ao encontro do mundo, a fim de construir as relações de que precisamos para ter sucesso na carreira e nos objetivos, e nossa abordagem natural pode ser bastante "feminina".

Na fase *Dinâmica*, podemos ter a tendência de gravitar para mais perto dos homens por causa da abordagem masculina de fazer as coisas, ao passo que na *Expressiva* nos atraímos para abordagens mais voltadas aos relacionamentos. Podemos constatar que nos comportamos de maneira muito diferente com os colegas e as colegas durante essa fase, e que os homens reagem subconscientemente à "feminilidade". Dependendo de nossas opiniões, podemos usar esse conhecimento para proveito próprio, ou ignorá-lo, ou nos sentirmos desconfortáveis com ele.

Na fase *Expressiva*, adquirimos força emocional interior e a tendência extrovertida para expressar quem somos, além das fantásticas capacidades e habilidades que temos a oferecer! Quando usamos o potencial máximo dessa fase, podemos provocar efeitos positivos na carreira, nos objetivos, na família e nas amizades.

Criatividade da fase Expressiva

O ciclo menstrual é um ciclo de energias criativas femininas expressas em todas as formas. Infelizmente, muitas vezes, temos dificuldade de entender com exatidão o que significa ser criativa e como a criatividade se aplica ao que fazemos na vida diária.

Quando nos perguntamos: "Sou criativa?", a resposta costuma ser "não", pois costumamos considerar que criatividade é pintar uma obra-prima ou escrever uma sinfonia ou um romance. A criatividade, no entanto, vai muito além disso, e é parte ativa do ciclo e da vida de todas as mulheres.

A criatividade está na ação, não no resultado. Expressa-se como inspiração, salto de compreensão, capacidade de solucionar problemas, ideias inusitadas, planejamento e imaginação. Podemos encontrá-la no marketing, na educação, em palestras e no gerenciamento e na construção de equipes. Ela se revela na "criação" de estruturas, de equilíbrio e de harmonia, nos relacionamentos com colegas de trabalho, nas relações públicas e no serviço aos clientes, na comunicação eficaz e na criação de ordem a partir do caos.

A criatividade, além de estar nisso tudo, está também nas áreas que costumamos associar mais a ela: na arte e no *design*, na escrita e na música, no canto e na dança, na representação e na atuação, além de em tarefas consideradas mais "femininas", como o cuidado e o acolhimento, o zelo por outras pessoas e a cura, a culinária e a costura, o cultivo de jardins, o cuidado com a casa e a criação de filhos.

> "Amo a fase *Expressiva*. Sinto-me muito atenciosa e tenho paciência para fazer coisas para meus amigos e minha família... fazer as coisas é como se eu estivesse expressando meus pensamentos e sentimentos ao mundo." – Jo, recepcionista, Austrália.

Na verdade, tudo o que mencionei são capacidades criativas "femininas". A questão é que temos diferentes Períodos Ideais durante o mês para expressar energias diferentes de maneiras específicas.

> Quando redefinimos nossa ideia de "criatividade", o ciclo inteiro se torna uma oportunidade criativa intensa e animadora.

A fase *Expressiva* é o Período Ideal para expressarmos capacidades criativas consideradas tradicionalmente mais "femininas". Isso não significa que temos de assar bolos ou tricotar meias, apesar de essas formas poderem ser muito boas para apoiarmos nosso bem-estar durante essa fase. Significa que ficamos com habilidades interessantes de gerenciar pessoas e de comunicação, além de capacidades de desenvolvimento e de aplicação prática intrínsecas, e de facilidade para ensinar e mediar diálogos. Além disso tudo, também adquirimos grande força emocional.

Fase Expressiva "maternal" e a família estendida

Durante a fase *Expressiva*, as pessoas com quem trabalhamos podem se tornar parte do grupo de pessoas com as quais nos importamos (ou da "família") e podemos usar nossa habilidade afetiva mais intensa para cultivar relacionamentos melhores e manter uma comunicação mais profunda.

A motivação reduzida do ego e a capacidade empática intensificada fazem dessa fase o Período Ideal para conversar com outras pessoas. Como ficamos menos propensas a nos incomodar ou a interpretar as interações com terceiros como críticas, podemos usar esse período para descobrir o que nossos colegas realmente pensam de determinado projeto ou das condições de trabalho e o que os clientes pensam de nosso serviço. Também ficamos mais dispostas a passar mais tempo com as pessoas, oportunidade ideal para restabelecer relacionamentos com familiares, amigos e colegas de trabalho que podem ter se sentido esquecidos durante as fases *Reflexiva* e *Dinâmica*.

Na fase *Expressiva* nos tornamos, ainda, mais capazes de ouvir ativamente o que os outros dizem e de validar suas opiniões; podemos pedir ideias e sugestões, sem sentir nossa posição ameaçada. Podemos usar essa fase de maneira eficaz para avaliar o trabalho de funcionários, pois nos tornamos mais capazes de comunicar reconhecimento e de nos interessar por suas preocupações, assim como de oferecer apoio prático ao seu cargo e trabalho. Somos capazes, além disso, de apontar falhas e problemas, mas o faremos com empatia e compreensão, dando às pessoas motivação para reparar seu desempenho e o apoio emocional para que acreditem que conseguirão fazê-lo.

Para líderes, esse é o Período Ideal para reforçar o relacionamento dos membros da equipe, revendo o ponto de vista de cada um deles, resolvendo conflitos, criando apoio para os fluxos de trabalho e fazendo com que cada pessoa sinta que sua contribuição é apreciada e valorizada. Isso também se aplica a equipes "familiares".

Em essência, a fase *Expressiva* nos permite construir relações duradouras e mutuamente benéficas. Podemos usar essa capacidade não só para apoiar as equipes de nossos projetos, mas também para cultivar e manter nossa "equipe" estendida de pessoas que nos nos dão suporte no trabalho. Esse grupo estendido inclui a todos: desde o cara do suporte técnico, a secretária, o (a) chefe, colegas, fornecedores e prestadores de serviços até o mentor profissional, o conselheiro empresarial ou *coach* pessoal, o terapeuta, o melhor amigo, o parceiro e os membros da família.

A fase *Expressiva* nos proporciona a capacidade de fortalecer os relacionamentos e de nos comunicarmos de modo a obter o melhor deles. Ficamos com energia e sociabilidade para interagir de forma direta com as pessoas e dar-lhes atenção, para mostrar que a relação com elas e seu apoio são importantes para nós. Em troca, ganhamos aliados que podem ser câmaras de eco para nossas ideias e problemas, pessoas que podem nos ajudar com nosso trabalho e nossas responsabilidades, pessoas que têm o poder de facilitar um pouco a nossa vida e pessoas que podem ter contatos que nos ajudarão a progredir na carreira ou nos objetivos. Ganhamos aliados que nos apoiarão não importa o que fizermos, que acreditam em nossas capacidades e nos encorajarão e motivarão quando as coisas ficarem difíceis.

Fase para brilhar e obter aquilo que queremos!

A fase *Expressiva* não apenas nos proporciona habilidades aprimoradas de comunicação e força interior, mas também a consciência e a paciência para obter o que queremos, persuadindo gentilmente as pessoas.

Na fase *Dinâmica*, é mais possível entrar no escritório do chefe, declarar que queremos um aumento e mostrar uma lista de motivos para tal. Na fase *Expressiva*, no entanto, é mais fácil orquestrar um encontro aparentemente casual com o chefe e moldar a conversa para que se demonstrem os benefícios do nosso trabalho, plantando nele a semente da ideia de nos dar um aumento. Como essa fase é o Período Ideal para cultivar as coisas, podemos cultivar a ideia de aumento por alguns dias, fazendo com que o chefe pense que a ideia é dele.

Durante essa fase, tornamo-nos muito mais capazes de adotar abordagens práticas para obtermos o que queremos, e temos paciência e consciência para fazer com que as pessoas comprem nossa ideia ou perspectiva. Então, por acaso estou dizendo que esse é o Período Ideal para manipular as pessoas? Sim!

> A fase *Expressiva* é o Período Ideal para encorajar, orientar, persuadir, influenciar e manipular.

Isso pode parecer frio; no entanto, na fase *Expressiva*, em que os sentimentos e o altruísmo são importantes para nós, a manipulação parte de uma abordagem sincera de preocupação, de buscar orientar e liderar.

É mais possível nos comprometermos por entendermos e apreciarmos o ponto de vista do outro ou as circunstâncias, mas também nos tornamos mais capazes de transmitir nosso ponto de vista e de ter autoconfiança para negociar sob uma perspectiva de autoconsideração e força interior.

Ficamos como mãe paciente tentando ensinar ao filho persuadi-lo de que a maçã é uma escolha melhor que a barra de chocolate.

As emoções também se tornam mais imunes à raiva ou às reações negativas que nossa abordagem pode causar, e, assim, nos tornamos mais propensas a prosseguir na situação e a buscar soluções positivas em vez de desistir, ir embora ou assumir uma abordagem de confrontação.

A fase *Expressiva* é o Período Ideal para vender ideias, nosso trabalho e produtos ou serviços. Adquirimos autoconfiança e habilidades de comunicação que nos permitem vender de maneira impessoal, estabelecer *networking*, fazer apresentações e comparecer a eventos – coisas que, no fim, se tornam oportunidades para progredir e obter o sucesso. Nossa introdução em uma conferência pode fazer com que nossos serviços sejam solicitados; a tarde passada em ligações telefônicas pode render uma grande venda; ligar para diversos fornecedores pode levar a um corte nos custos; e um telefonema feito na hora certa pode resultar no emprego dos sonhos. Esse também é o momento para nos comunicarmos com nossos clientes e sugerir-lhes novos produtos ou serviços, pedir a opinião deles e escutá-los para descobrir o que querem ou acham que vão precisar no futuro. Os relacionamentos são sempre mútuos, então essa fase é, por fim, um ótimo momento para evidenciar aos outros como nós os ajudamos. Podemos sair com os clientes e bater um papo para mostrar não só os pontos positivos da nossa empresa, mas também os nossos como pessoa.

A pacificadora da fase Expressiva

Uma das características mais poderosas da fase *Expressiva* é a diminuição da motivação egoísta e dos medos e ansiedades gerados no subconsciente. Isso significa que nos tornamos mais capazes de nos afastar emocionalmente de pessoas agressivas e de situações de conflito e de lidar com elas sob um ângulo imparcial e aberto. Adquirimos a consciência, a compreensão e as habilidades de comunicação necessárias para neutralizar a agressividade de terceiros, e adquirimos a capacidade de ver ambos os lados das situações e compreender o outro lado. Isso nos possibilita arbitrar e mediar de forma produtiva.

Da mesma maneira que adquirimos a capacidade de tirar o melhor de nossas equipes nesse Período Ideal, conseguimos fazer com que as pessoas atuem do melhor modo em reuniões, mesmo aquelas com pontos de vista e necessidades conflitantes com os nossos. Acrescentando isso à nossa capacidade de nos comprometer, podemos tornar produtivas reuniões com potencial destrutivo.

A maneira com que abordamos reuniões conflitantes pode mudar dependendo da fase em que nos encontramos. Na fase *Reflexiva*, tendemos a nos afastar sem nos envolver; na *Dinâmica*, podemos tentar usar a lógica e a concentração para solucionar o problema, mas ser vistas como frias e intransigentes; na *Criativa*, podemos ter um surto de inspiração com a solução perfeita, mas à qual ninguém adere por estarem todos muito ocupados em conflitos territoriais.

A abordagem da fase *Expressiva* é simplesmente recriar relacionamentos positivos entre as partes conflitantes, de modo que a intuição, a lógica e a inspiração possam entrar em jogo mais tarde e serem bem recebidas por todas as partes.

Na fase *Expressiva*, não buscamos a saída fácil; em vez disso, ficamos dispostas a **assumir a solução de longo prazo, a cultivar algo para que cresça e se torne o que queremos e a nos assegurar de que levaremos todos conosco na jornada.**

Pular na poça d'água!

A fase *Expressiva* também consiste em se divertir e celebrar a vida. Podemos ter mais sentimentos de gratidão, e é nossa apreciação daquilo que possuímos que nos faz sentir felicidade e querer celebrar. Muitos livros de desenvolvimento pessoal nos ensinam que, para sermos felizes, precisamos apreciar mais o que temos em vez de sempre ir atrás da próxima meta material, profissional ou de relacionamento. A fase *Expressiva* nos dá naturalmente essa atitude de apreciação.

Como nas outras fases, se deixarmos de interagir com o Período Ideal, perderemos uma maravilhosa oportunidade de aplicar de forma positiva nossas habilidades e capacidades cíclicas.

Ignorar o Período Ideal da fase *Expressiva* significa abdicar do potencial de sentir profunda gratidão, alegria e felicidade e também da oportunidade de expressar esses sentimentos de duas maneiras maravilhosas: no altruísmo e com brincadeiras.

O apreço que temos por quem somos e pelo que possuímos se expressa naturalmente como um desejo altruísta de presentear. No ambiente profissional, podemos manifestá-lo proporcionando mais tempo aos clientes, ajudando os colegas nas tarefas, estando ao lado de alguém ou simplesmente pagando-lhe um café! A satisfação não vem apenas do sentimento de felicidade, mas do ato de compartilhar.

Podemos expressar nossa felicidade e alegria por sermos quem somos e por nosso ambiente com brincadeiras. Pois bem, somos a CEO de um império corporativo multibilionário... mas quando foi a última vez que celebramos a alegria da vida pulando numa poça d'água? Brincar é divertido, sensual e criativo, porém sem propósito (exceto pelo fato de que é divertido) e improdutivo.

Muitas das expressões criativas tradicionais "femininas" se enquadram nesse conceito de brincadeira durante a fase *Expressiva*. O importante é o ato de tricotar, e não o cachecol; o ato de tocar a terra ou a planta que é importante, não o jardim, e cozinhar é o que importa, não o bolo (exceto, claro, se for um bolo de chocolate!).

A brincadeira pode ser uma atividade meditativa; na diversão da atividade, perde-se o eu pensante e que se preocupa. É interessante que, apesar de as fases *Expressiva* e *Reflexiva* serem opostas uma à outra no ciclo, ambas são de meditação – meditação "ativa" na fase *Expressiva* e "silenciosa" na *Reflexiva*.

Perder-se na brincadeira é algo que nos ajuda a nos reconectarmos com quem somos de verdade, por trás das expectativas que nós e as outras pessoas temos de nós mesmas, e isso faz da brincadeira uma poderosa ferramenta para aliviar o estresse. O efeito da brincadeira é mais poderoso durante essa fase se ela for algo sensorial e criativo, e verdadeiramente feita sem outro propósito que não ela mesma.

Abrir espaço para a brincadeira durante a fase *Expressiva* pode nos ajudar a nos manter felizes, com os pés no chão, e livres de estresse, o que, por sua vez, nos ajuda a trabalhar melhor e sermos mais acolhedoras e solidárias com os relacionamentos importantes na vida.

É claro o motivo de muitas mulheres quererem ficar nessa fase o mês inteiro: elas se sentem bem consigo mesmas, sentem profunda felicidade e bem-estar, sentem, amorosas e solidárias com os outros e emocionalmente fortes, pacientes e capazes. Mas essa fase vem por causa das que a precedem e a sucedem. Sem as fases que permitem que o ego explore e impulsione nossas vontades e necessidades, não teríamos essa personalidade equilibrada capaz de oferecer apoio de forma altruísta a todos. Sem o afastamento para o interior de nossas profundezas na fase *Reflexiva*, não haveria renovação que nos permitisse brilhar na fase *Expressiva*. Sem a motivação e a determinação das fases dinâmicas, não seríamos capazes de combater para criar um mundo melhor.

> Nosso poder e nossa força não estão em uma só fase, mas no fluxo da mudança delas, em que cada uma apoia a outra, criando, assim, a mulher que cada uma de nós é.

Ser a própria animadora de torcida

A fase *Expressiva* também é um período importante para trabalharmos a autoconfiança e a autoestima e nos relacionarmos com elas. Por nos esforçarmos continuamente para atingir o próximo objetivo e realizar aquilo que está na lista de "pendências", acabamos não nos proporcionando tempo para apreciar nossos sucessos. Quanto mais estressante a situação, quanto mais perto do final do prazo, quanto mais longa a lista de tarefas, menos possibilidade há de apreciarmos o que realizamos e mais costumamos nos concentrar no simples ato de administrar tudo isso. A mais simples ideia de gratidão e sucesso parece inatingível. No entanto, é a experiência de sentir que tivemos sucesso que ajuda a autoconfiança a crescer e a profunda consciência de que somos fortes e autossuficientes o bastante não só para realizar o que quisermos, mas também para lidar com situações difíceis com calma e força.

A autoconfiança é resultado de saber quem somos e o que somos capazes de fazer. Isso, por sua vez, vem da experiência emocional de nossos sucessos e de nossas realizações. Se não dispomos de tempo para sentir as emoções positivas do sucesso, podemos acabar querendo que outras pessoas ou situações externas as gerem para nós.

A fase *Expressiva* é o Período Ideal para trabalharmos para incluir sentimentos de sucesso, autoconfiança e realização na noção de quem somos. Conseguimos fazer isso com facilidade, porque o ato de valorizar passa a ser um elemento natural de nossa maneira de pensar durante essa fase.

Sentir emoções de sucesso é algo que estabelece um ponto de referência para a autoconfiança e para o apreço por nós mesmas, que continua o mesmo no decorrer do mês. Quanto mais sentirmos nossos sucessos, mais grandioso ficará esse ponto de referência.

Repare que venho falando de "sentimentos". Durante a fase *Expressiva*, os sentimentos são a forma mais importante de expressão e interação com o mundo. Para que a autoconfiança cresça, precisamos sentir o sucesso. Podemos usar o intelecto para rever o mês e ver o que realizamos, mas também precisamos despertar as emoções do sucesso e da realização. As capacidades da fase *Expressiva* tornam isso mais fácil agora que em qualquer outra fase.

Quando ignoramos a fase *Expressiva* e não a aproveitamos para sentir emocionalmente nossos sucessos, negligenciamos as melhores animadoras de torcida: nós mesmas! Perdemos a oportunidade de colocar o sucesso na crença emocional central e de encorajar a autoestima positiva e a atitude de autoconfiança.

Todo mês perdemos essa maravilhosa oportunidade.

Quando a fase *Expressiva* termina, podemos manifestar diminuição na energia extrovertida e aumento das experiências mais inspiradoras e emocionalmente sensíveis da fase *Criativa*. Agora as coisas vão começar a ficar empolgantes de verdade; então, aperte os cintos, pois mais uma vez vamos percorrer a montanha-russa da criação e da inspiração.

Período Ideal da fase Expressiva

A fase *Expressiva* nos presenteia com a vasta gama de capacidades e habilidades que podemos usar de maneira eficaz na vida pessoal e profissional. Tente se conscientizar das diferentes capacidades listadas a seguir aplicá-las nas ações sugeridas. Use o espaço incluído para acrescentar as próprias ideias de atividades para a fase *Expressiva*.

Capacidades:

- Empatia e perspectiva altruísta.
- Criar conexões e relacionamentos que nos apoiem.
- Habilidades eficazes de comunicação e para lidar com as pessoas.
- Ficamos mais voltadas ao lado sentimental.
- Flexibilidade, capacidade de nos comprometer, negociar e servir de mediadoras.
- Aproveitar a vida, felicidade e tendência a brincar.
- Paciência e gentileza.
- Gerar apoio.
- Capacidade de ser consciente e entender as necessidades das outras pessoas.
- Persuadir, orientar, ensinar e liderar.
- Sacrificar nossas próprias necessidades e vontades.
- Escutar ativamente e validar as opiniões dos outros.

- Sentir e expressar gratidão e reconhecimento.
- Gentileza, acolhimento e cuidado pelos outros.
- Leitura de expressão facial e de linguagem corporal.
- Entender os sentimentos e as motivações das outras pessoas.
- Generosidade.
- Charme e genialidade.
- Capacidade de sentir o sucesso.
- Flexibilidade de mudar a própria rotina para se adequar com os outros.
- Capacidade de aceitar as pessoas e as situações tal como são.
- Construção e cuidados do lar.
- Cuidado prático diário com as pessoas e com o ambiente.

O que não funciona:
- Autossacrifício de longo prazo. O impulso pode ser gerado pela fase, mas pode ir contra suas necessidades mais profundas. Verifique a ideia antes nas fases *Criativa* e *Reflexiva*.
- Esperar de si atitude proativa, agressiva e dinâmica.
- Ideias inusitadas.
- Passar um tempo longe de casa; a casa é importante para o bem-estar durante essa fase.
- Tentar ser masculina.
- Motivação para objetivos materiais.
- Analisar detalhes.
- Pensamento lógico.
- Trabalhar além do horário ou levar trabalho para casa.
- Fazer as coisas sozinha.

Com o que devemos ficar atentas:
- Comprometer-nos com muito trabalho adicional ou com muitas responsabilidades de ajudar terceiros.

- Gente tirando vantagem de nós; podemos ficar muito generosas.
- Não satisfazer às próprias necessidades, o que leva à frustração.
- Não reservar tempo para nós mesmas.
- Sensação de culpa se não fizermos nada para os outros.
- Sensação de culpa por não sermos capazes de resolver todos os problemas do mundo.
- Deixar autoestima girar em torno de como os outros nos veem e reagem a nós.
- Revelar informações demais em reuniões.
- Seguir o fluxo pode nos fazer negligenciar nossas necessidades e preferências.
- Menor espaço pessoal e tendência a tocar outras pessoas.
- O tempo gasto ajudando outras pessoas ou fazendo *networking* pode ser interpretado como improdutivo.
- A falta de motivação pode ser vista como falta de interesse e comprometimento.
- Ter a expectativa de ser assim o tempo todo.

Estratégias:

Físicas

- Aproveite a sociabilidade e visite amigos e familiares.
- Compareça a eventos e aulas para fazer novos amigos e estabelecer relacionamentos.
- Abra espaço para fazer as coisas de que gosta.
- Saia na natureza.
- Aguce seus sentidos e aproveite!
- Toque as pessoas fisicamente (quando e onde for apropriado!)
- Exercite-se, caminhe, dance e divirta-se.
- Coma suas comidas favoritas, saboreie e aproveite cada bocado conscientemente.

- Coloque a criatividade em ação, encontre um passatempo animado.
- Aproveite os sucessos na academia.

Emocionais
- Tenha conversas íntimas e sinceras.
- Aconselhe outras pessoas.
- Aborde assuntos complicados.
- Faça caridade ou trabalho voluntário.
- Passe mais tempo com o parceiro, a família e os amigos.
- Apoie outras pessoas com palavras ou ações.
- Procure descobrir como poderá criar relacionamentos melhores e coloque ideias em prática.
- Sacrifique-se quando necessário, mas não perca de vista as próprias necessidades.
- Promova uma reunião de família para permitir que todos se expressem e que haja arbitragem e solução de problemas.
- Abrace as pessoas.
- Diga aos outros quão você os estima e como se sente em relação a eles.
- Dê presentes simples para expressar gratidão.
- Faça coisas que lhe permitam sentir feminina e bem-sucedida (compre aquele vestido caro que deseja!).
- Reserve tempo extra para brincar com seus filhos e seu parceiro.
- Faça uma lista de seus sucessos do dia a dia e sinta-se muito bem com eles.
- Motive-se vendo que suas tarefas ajudam outras pessoas de uma forma ou de outra.

No trabalho

- Compareça a conferências, exposições, grupos de trabalho e reuniões de clubes corporativos para fazer *networking*.
- Inicie conversas casuais para expandir sua lista de contatos.
- Coordene reuniões de equipe e facilite a livre expressão de ideias, perspectivas e reclamações.
- Concentre suas habilidades em disputas e crie compromissos e soluções.
- Crie "encontros casuais" para negociar e ajudar a mediar conflitos.
- Sirva de mentora e ajude a orientar as pessoas.
- Deixe as portas abertas esta semana, permitindo que qualquer um apareça e comunique problemas ou ideias.
- Faça avaliações de funcionários.
- Identifique pessoas, projetos e áreas que precisem de ajuda para crescer, manter a produtividade ou mudar.
- Assuma uma abordagem acolhedora com pessoas e projetos. Dê a elas a liberdade de operar até que saiam da linha ou errem, então oriente-as ativamente de volta à direção correta.
- Vá para o "chão de fábrica" e fale cara a cara com empregados, clientes ou fornecedores.
- Proponha-se a ensinar durante essa fase, uma vez que está com habilidades comunicativas ampliadas.
- Mostre-se acessível, prestativa, justa e imparcial.
- Crie uma campanha para vender suas habilidades tanto dentro da empresa quanto para os clientes.
- Use essa fase para apresentar ideias e inicie uma campanha de *networking* para obter o apoio de outras pessoas.
- Fale com as pessoas; dê-lhes atenção, escute e motive.
- Contate pessoas que você acha que poderiam ajudá-la a resolver problemas ou apoiar seus projetos. Peça ajuda quando necessário; você não ligará se a recusarem.

- Valorize o que faz pelos outros.
- Contate os fornecedores para agradecer a eles, e demonstre reconhecimento aos colegas e funcionários.
- Encontre coisas criativas que possa fazer com facilidade no trabalho. Talvez um desenho, escrever um poema... ou leve o *kit* de tricô!
- Valorize o que aprendeu e realizou no mês passado.
- Torne o ambiente de trabalho mais feminino, crie um "lar" confortável no trabalho.
- Converse com o chefe. Descubra o que ele quer, como você pode ajudar e, acima de tudo, demonstre sutilmente como é uma boa funcionária.
- Faça um esforço consciente para se conectar com outras mulheres no trabalho ou no seu ramo.
- Use as habilidades comunicativas para vender suas ideias para as pessoas. Tenha grandes expectativas.
- Identifique os sentimentos e a motivação subjacentes das pessoas e use essa informação para adaptar sua abordagem.
- Use esse tempo para aprender sobre sistemas relacionais e para rever relações, fluxos de trabalho e diretrizes de relatórios e de gerenciamento.
- Compartilhe informações com diferentes departamentos, clientes e colegas para desenvolver novos canais de comunicação.

Realização de objetivos:
- Defina e contate pessoas que possam ajudá-la a atingir seu objetivo.
- Peça a opinião de terceiros sobre suas ideias e abordagem.
- Solicite reuniões presenciais, pois será mais fácil se comunicar dessa maneira.

- Analise seus objetivos e busque as conexões existentes entre eles.
- Concentre-se em seus sucessos até hoje; recompense-se, pois você vale a pena!
- Pratique apresentar suas ideias às pessoas; desenvolva uma introdução de 17 segundos.
- Avalie o impacto positivo que a realização do seu objetivo causará nas outras pessoas.
- Permita-se valorizar e reconhecer sua jornada até o objetivo; O que você aprendeu? Como você cresceu?
- Veja como você pode persuadir as pessoas para a ajudarem; há uma solução em que ambas as partes saiam ganhando?

Desafio:
- Não abdicar de satisfazer todas às suas necessidades.
- Desenvolver boa opinião de si mesma sem precisar depender de outras pessoas.
- Aceitar que essa fase passará e não se comprometer com muitas exigências emocionais e responsabilidades.
- Permitir-se brincar e aproveitar a vida.
- Manter-se motivada na direção de objetivos materiais.

Suas ideias de atividades para a fase Expressiva:

Capítulo 8
Introdução ao Plano Diário

Antes de iniciar o Plano Diário da Mulher Realizada, é bom entender sua abordagem e as ferramentas-chave para trabalhar com ele. Também veremos como começar e algumas perguntas frequentes.

Plano Diário da Mulher Realizada

O Plano Diário da Mulher Realizada é a primeira abordagem de desenvolvimento pessoal criada especificamente para mulheres, com base nas capacidades cíclicas intrínsecas do ciclo menstrual. É bem-sucedido onde outros fracassam quando relaciona ações e técnicas às capacidades ampliadas manifestadas em quatro Períodos Ideais dentro do ciclo.

> "O plano de 28 dias de Miranda Gray me ajudou a respeitar, valorizar e entender melhor o meu ciclo menstrual. Antes de começar o plano, eu me sentia muito desconectada do meu ciclo e via a menstruação como um fardo. Após começá-lo, ele não apenas me ajudou a me reconectar com meu ciclo, mas também comecei a ver o poder e a beleza de entendê-lo." – Tess, Recursos Humanos, Canadá.

O Plano Diário da Mulher Realizada foi desenvolvido para aumentar a consciência de nossa natureza cíclica, para nos ajudar a entender com mais profundidade as experiências únicas de cada fase e para descobrirmos formas positivas de aplicar nosso conhecimento e nossas capacidades ampliadas, de maneira prática, na vida. Trabalhando com o plano, obtemos a oportunidade de descobrir cada Período Ideal e de usar suas características empoderadoras para criar mudanças de vida impactantes.

O plano oferece:

- Informações sobre o grande potencial, as poderosas experiências e as oportunidades intrínsecas de cada fase.
- Sugestões de como usar, da melhor maneira, as energias físicas, mentais e emocionais de cada Período Ideal.
- Ações diárias práticas para promover o bem-estar, a realização de objetivos e o progresso profissional.
- Maneiras de nos ajudar a apoiar nossas necessidades e aproveitar as fases.
- Estratégias de suporte para quando as circunstâncias não condizerem com os Períodos Ideais.
- Flexibilidade que nos permite individualizar o plano diário para alcançarmos o máximo potencial.

Usar o plano diário pode mudar radicalmente a maneira como vemos nossas capacidades, permitindo-nos ir além das aparentes limitações. O ciclo vira um recurso que põe a nosso dispor incríveis habilidades e oportunidades, as quais podemos aplicar em tarefas e usar de forma ativa para nos sobressair e criar o sucesso e a realização que desejamos.

Ações diárias

Cada dia do plano inclui uma concentração, informações sobre algum aspecto das capacidades do Período Ideal, uma ação para promover o bem-estar, uma para promover a realização de objetivos e uma para aprimorar a vida profissional.

Essas ações diárias foram desenvolvidas para ajudar nos seguintes âmbitos:

1. **Bem-estar:** autoconfiança e autoestima, criatividade, estilo de vida, relacionamentos e aceitação, explorar o que significa ter natureza cíclica e como usar os Períodos ideais para aprimorar a noção de bem-estar.
2. **Realização de objetivos:** identificar os verdadeiros objetivos, o que fazer e quando fazer, como aumentar a motivação e usar os Períodos Ideais para obter o apoio necessário para realizar objetivos e sonhos.
3. **Aprimoramento profissional:** como utilizar nosso máximo potencial, combinar tarefas com os Períodos Ideais, planejamento e estratégias, trabalhar de maneira mais eficaz, empoderar hábitos profissionais e criar oportunidades de carreira.

Podemos nos concentrar em um só tipo de ação diária no ciclo inteiro ou escolher uma entre as três que se adeque melhor no nosso dia.

Para começar, é melhor trabalhar com apenas um dos três tipos de atividade. Por exemplo, apenas as ações de realização de objetivos no ciclo inteiro. Isso nos dá a oportunidade de perceber de verdade como o ciclo influencia essa parte da nossa vida e como o processo de trabalhar com os Períodos Ideais liberta nosso máximo potencial e nos empodera para fazer mudanças e agir de maneira impactante.

> Para começar, trabalhe em uma só área, por um ciclo inteiro, para obter o máximo de benefício.

Fazendo com que o plano funcione com você

O Plano Diário da Mulher Realizada é um guia ou um mapa das mudanças cíclicas que manifestamos todo mês; no entanto, a jornada através do ciclo é pessoal para cada uma de nós. Para descobrirmos nossos Períodos Ideais e suas mudanças mentais, emocionais e físicas, precisamos tomar três providências durante a jornada. Em primeiro lugar, precisamos **comparar as experiências de cada fase uma com a outra**; em segundo lugar, precisamos **tomar nota das atividades que achamos mais fáceis**; e, em terceiro lugar, precisamos **reconhecer que de fato mudamos**.

Comparar as fases

Para nos conscientizarmos de nossas mudanças, precisamos comparar as características de cada fase. Para fazer isso, precisamos nos fazer algumas perguntas:

"Que tarefas acho mais fáceis, que capacidades estão mais ampliadas e qual é a minha abordagem natural com as coisas nesta fase?".

"Sou mais empática e emocionalmente mais atenciosa em determinadas fases? Quando devo manifestar minha capacidade ampliada de ser altruísta?".

"Por acaso minha criatividade e capacidade de resolver problemas ficam melhores em alguma fase? Quando manifesto minhas capacidades criativas ampliadas e como as expresso?".

"Sou capaz de entender e gerenciar melhor problemas complexos em certas fases? Em que fase minhas capacidades mentais ficam mais afiadas e minha capacidade de operar multitarefas fica mais forte?".

"Por acaso me expresso melhor em alguma fase? Em que fase parece que minha capacidade de comunicação fica ampliada?".

"Quando fico mais frustrada? Que aspecto da minha fase estou ignorando?".

Ao perceber as mudanças e comparar como nossas capacidades mudam de um Período Ideal para outro, descobrimos nosso padrão único de habilidades e capacidades ampliadas.

Enquanto usam o plano, muitas mulheres preferem manter um diário de suas experiências e também anotar se as ações diárias sugeridas condizem com suas capacidades. Contudo, nessa vida atribulada, nem sempre temos tempo para manter um diário; então, ao final de cada Período Ideal, há uma ficha de resumo rápido para registrarmos nossas experiências. Esses resumos não só nos ajudam a identificar nossas experiências únicas de cada Período Ideal como, ao final de cada ciclo, nos auxiliam a comparar nossas capacidades dos quatro Períodos Ideais umas com as outras.

Mantendo um registro, descobrimos os tipos de capacidades ampliadas que manifestamos em cada Período Ideal e podemos usar essas informações para planejar tarefas para o mês seguinte, assegurando-nos de que usaremos nossas capacidades ampliadas da melhor maneira.

Tome nota do que você é capaz de fazer

É muito mais fácil percebermos o que não conseguimos fazer em vez de o contrário, e isso costuma resultar em uma abordagem criativa para o ciclo e em sentimentos de frustração e autocrítica. À medida que um Período Ideal se transforma no próximo, precisamos buscar ativamente os dons da nova fase e ser criativas sobre como os usaremos.

> "Quando estou menstruando, sinto-me mais confiante e organizada. Vejo que organizar e estruturar as coisas fica mais fácil, e sinto-me mais determinada. Essas tarefas costumam ser muito difíceis para mim por causa da dislexia e da dispraxia." – Pollyanne, inspetora imobiliária, Reino Unido.

Pergunte-se: "O que acho fácil e o que posso fazer com essa capacidade para me sobressair, mudar ou atingir objetivos?".

A resposta pode surpreendê-la e abrir oportunidades novas e emocionantes!

Reconheça que você muda

Quando reconhecemos que nossas capacidades mudam no decorrer do ciclo, podemos parar de combater nossa natureza cíclica e, em vez disso, trabalhar com ela para concentrar as energias dos nossos Períodos Ideais nas coisas que queremos criar e realizar. Muitas mulheres tentam ser constantes no decorrer do mês para ser como acreditam que deveriam ser e realizar o que acreditam que deveriam realizar. A sociedade e o mundo corporativo também têm a expectativa de que devemos ser constantes em nossas capacidades, o que coloca ainda mais pressão sobre nós, para termos sempre o mesmo nível e conjunto de habilidades.

Quando reconhecemos que mudamos e passamos a trabalhar com as mudanças, aliviamos o estresse e geramos mais sentimentos de bem-estar. Também passamos a ver a nós mesmas, nosso desenvolvimento pessoal, nossa carreira e nossos objetivos de maneira completamente nova e empoderada.

Não vamos mudar o mundo dos negócios ou a sociedade de um dia para o outro, mas podemos reconhecer que as nossas mudanças cíclicas nos dão a oportunidade de brilhar e realizar mais coisas!

Antes de começar o plano, pode ser útil rever as cinco chaves do sucesso no *Capítulo 2*.

> Depois de começar a trabalhar com o plano, a maneira como você pensa sobre si mesma e sobre sua vida mudará para sempre!

Começando

Para começar o Plano Diário da Mulher Realizada, você pode simplesmente ver a página do dia específico do ciclo em que está. Lembre-se de que o dia 1 é o primeiro dia da menstruação.

O melhor dia para começar o plano é o primeiro dia da fase *Dinâmica*. Como já vimos, essa fase é o Período Ideal para iniciar novos projetos, então pode ser que você queria iniciar o plano no dia 7.

Se não souber em que dia está, faça uma estimativa. Se o conteúdo do dia não condizer com suas experiências, sempre é possível ir para a frente ou para trás no plano, para um dia que encaixe melhor.

> O Período Ideal para começar o plano é no dia 7 do ciclo.

Leia o texto prescrito para o dia e escolha a ação apropriada, dependendo de qual das três áreas você quiser trabalhar. O ideal é separar um ciclo para cada uma das diferentes áreas.

Depois que você estiver trabalhado com o plano, a maneira como pensa sobre si mesma e sobre a vida mudará! Sua relação com o ciclo também mudará, e você aguardará cada fase esperando pelos recursos e pelas poderosas ferramentas que ela reserva a você. Essas ferramentas sempre estiveram presentes; estavam aguardando que você as reconhecesse e aplicasse.

> Se quiser se destacar – adote um ciclo!

Perguntas frequentes sobre o Plano Diário da Mulher Realizada

1. Meu ciclo quase nunca é regular, mas o plano tem 28 dias de duração. Ainda posso usá-lo?

Sim, você pode. Com um ciclo de duração mais longa ou mais curta, seus Períodos Ideais podem mudar em dias diferentes dos mencionados no plano. Enquanto estiver trabalhando com o plano diário, veja se as ações sugeridas se encaixam bem com suas capacidades e seus sentimentos; se não, veja mais para a frente no plano ou volte alguns dias e procure uma ação que pareça se encaixar.

2. Minhas capacidades e o número do dia do meu ciclo parecem não se encaixar com o seu plano. Isso significa que há algo errado comigo?

Não, não há nada errado! O ciclo de cada mulher é único, e é muito possível que as experiências do ciclo mudem de mês para mês. Pode ser que em seu ciclo natural a fase *Criativa* dure duas semanas em vez de uma, ou que a fase *Reflexiva* dure apenas três dias!

A ideia do livro é ajudar você a se **conscientizar do ciclo e de suas capacidades únicas** e a encontrar maneiras práticas de usar essas capacidades nos Períodos Ideais. Meu conselho é que você experimente e use o plano como forma de descobrir seu ciclo único e pessoal.

Se descobrir que sua fase *Criativa* dura duas semanas, passe dois dias, e não um, fazendo as ações sugeridas de cada dia. Se sua fase *Reflexiva* durar apenas três dias, apenas passe mais cedo para a fase *Dinâmica*. À medida que passar a conhecer seu ciclo único e suas capacidades, você começará a ficar mais consciente de quando ocorrem as mudanças e saberá como se beneficiar ao máximo dos Períodos Ideais.

3. Tomo pílula anticoncepcional/fiz histerectomia. Ainda posso usar o plano?

Se você tem ciclo hormonal, artificial ou natural, com ou sem útero, o plano pode ser utilizado. Talvez suas experiências sejam diferentes das mencionadas, mas o plano a ajudará a ficar mais consciente de suas capacidades e a descobrir os Períodos Ideais. Também lhe dará ótimas ideias práticas de como usar essas capacidades.

4. Estou na menopausa. Vale a pena usar o plano ou é tarde demais?

Não, não é tarde demais, e, na verdade, o plano é ideal para mulheres na menopausa. É claro que você não terá um ciclo regular, mas o plano pode ajudá-la a reconhecer as mudanças nas capacidades e sugerir maneiras práticas e positivas de usá-las quando se manifestarem. Se sua fase *Reflexiva* durar semanas, pode ser uma grande dádiva ter esse tempo extra para olhar bem a vida e decidir o que é importante e o que você quer fazer. Se sua fase *Dinâmica* durar meses, pode ser uma maravilhosa oportunidade de fazer as coisas acontecerem.

Use o plano e esse momento da vida para criar o futuro que quer.

5. Por que começar o plano no dia 7?

O dia 7 é o início da fase *Dinâmica*, em que manifestamos mais energia física e mental. É o Período Ideal para iniciar novos projetos, portanto o momento ideal para começar o plano.

6. Posso iniciar o plano sem saber em que dia do ciclo estou?

Sim. Você pode fazer uma estimativa de onde está no ciclo e ver se as informações e as ações sugeridas parecem se encaixar com sua energia e capacidades. Se não corresponderem, avance ou retroceda alguns dias no plano para encontrar um dia correspondente.

7. Há, de fato, quatro fases no meu ciclo?

A resposta é sim e não.

O ciclo menstrual é baseado em dois eventos – a ovulação e a menstruação – e nas mudanças hormonais durante e entre eles. O ciclo é um fluxo complexo de experiências físicas, mentais e emocionais, o que significa que sua expressão natural e suas capacidades mudam aos poucos durante o ciclo. Por exemplo, o início de sua fase *Criativa* manifestará uma mistura das características *Criativas* e *Expressivas*, ao passo que mais perto do final da fase é possível que se manifeste uma mistura das energias e características das fases *Criativa* e *Reflexiva*.

Para ajudá-la a identificar o que acontece durante o ciclo, cada dia dele foi colocado em uma de quatro fases de características definidas, os Períodos Ideais. Isso facilita bastante estabelecer comparações entre as fases. Comparando as experiências, é possível perceber quais capacidades mudam naturalmente de semana para semana.

Um bom ponto de partida é usar as quatro fases hormonais. No entanto, se preencher o Diagrama do Ciclo descrito no *Capítulo 10*, é possível que descubra que há mais que quatro fases distintas que se repetem todo mês.

8. Além do ciclo, outras coisas também devem influenciar as mudanças de minhas capacidades e sentimentos?

Sim, há muitas coisas que podem ter efeito em suas capacidades e em como você vê o mundo. Podem ser doenças, medicamentos, falta de sono, mudanças de fuso horário, drogas e álcool, estresse, amor e exercícios, mencionando apenas algumas.

Por esse motivo, vale a pena manter um registro das capacidades e dos sentimentos por alguns meses, para que você possa reconhecer seu padrão.

9. Minha filha jovem pode usar o plano?

Sim, não há motivo para que você não possa apresentar as ideias do plano para a sua filha. Na verdade, é importante compartilhar experiências com as gerações mais novas, para que possam desenvolver os próprios entendimentos de suas capacidades cíclicas e únicas.

10. Como uma fase pode ser *Criativa* se me sinto criativa o mês inteiro?

O ciclo menstrual é um ciclo de diferentes formas de criatividade. Você pode desenvolver novas ações na fase pré-ovulatória, cultivar novas relações durante a ovulação, ter ideias inspiradas na fase pré-menstrual e estabelecer profundas conexões consigo mesma durante a menstruação.

Os nomes escolhidos para cada fase tentam resumir o padrão central por trás de cada uma delas. A fase *Criativa* reflete a forte capacidade da mente de criar realidades, tanto com pensamentos negativos quanto com ideias e *insights* inspirados, e o impulso de criar algo físico, mesmo que seja apenas organizar uma sala bagunçada.

11. Estou me consultando com um *coach* pessoal/*coach* profissional. Por acaso o plano entra em conflito com o que já faço com eles?

Não. O Plano Diário da Mulher Realizada se encaixa bem com qualquer tipo de *coaching*, uma vez que a norma é determinar os próprios objetivos, prazos para metas e datas de revisão, então é possível alinhar essas coisas com os Períodos Ideais. Você pode compartilhar com seu *coach* o conceito do plano ou apenas encaixar o plano de ação nos seus Períodos Ideais. Uma vez que você estiver ciente dos Períodos Ideais e das capacidades, verá que ficará mais fácil definir o que realizar e quando.

> O plano é como uma sessão diária de *coaching* pessoal!

12. Já estou praticando várias técnicas de desenvolvimento pessoal. Posso adequá-las ao plano?

Sim! É exatamente assim que vejo as mulheres usarem o plano. Ele é um ponto de partida, um modelo que você pode moldar para que se adeque ao ciclo e às suas capacidades únicas. Pratique qualquer técnica de desenvolvimento pessoal quando estiver em harmonia com os Períodos Ideais ou adapte-a para que corresponda às suas habilidades naturais.

No entanto, onde for possível, tente usar técnicas que a ajudem a *aceitar* os aspectos de determinada fase que você considere ruins ou negativos, em vez de tentar *consertá-los*. Não são as fases do ciclo que são negativas, mas a maneira como as abordamos.

Capítulo 9
O Plano Diário da Mulher Realizada

Se quiser se destacar, adote um ciclo!

Síntese do Plano

Fase Dinâmica

Dia 7 do ciclo: Novas energias!

Ação de bem-estar: Colocar as tarefas em dia.

Ação para atingir objetivos: Pesquisas e trabalho em fundamentos.

Ação para aprimoramento profissional: Enfrentar problemas e informações complexas.

Dia 8 do ciclo: Planejamento e análise.

Ação de bem-estar: Ficar saudável.

Ação de objetivo: Planejar o mês seguinte.

Ação de aprimoramento profissional: Análise da situação.

Dia 9 do ciclo: Iniciar novos projetos.

Ação de bem-estar: Começar.

Ação de objetivo: Esforçar-se.

Ação de aprimoramento profissional: Aprender algo novo.

Dia 10 do ciclo: Empoderamento individual.

Ação de bem-estar: O poder do pensamento.

Ação de objetivo: Nutrir sentimentos de sucesso e realização.

Ação de aprimoramento profissional: Concentrar-se em si mesma.

Dia 11 do ciclo: Crenças positivas.

Ação de bem-estar: Afirmações positivas.

Ação de objetivo: Acreditar no futuro.

Ação de aprimoramento profissional: Concentrar-se naquilo de que você gosta.

Dia 12 do ciclo: Corrigir o que está errado.

Ação de bem-estar: Defender o que é certo.

Ação de objetivo: Imaginar o efeito em cadeia de suas atitudes.

Ação de aprimoramento profissional: Ser defensora.

Dia 13 do ciclo: Preparar-se para a fase *Expressiva*.

Ação de bem-estar: Contatar outras pessoas.

Ação de objetivo: Cultivar projetos.

Ação de aprimoramento profissional: Sentir-se confortável no trabalho.

Fase Expressiva

Dia 14 do ciclo: Trabalhar no sucesso e na autoconfiança.

Ação de bem-estar: Imaginação positiva.

Ação de objetivo: Gerar provas.

Ação de aprimoramento profissional: Reconhecer seus sucessos.

Dia 15 do ciclo: Comunicação.

Ação de bem-estar: Aceitar a si mesma.

Ação de objetivo: Buscar outros pontos de vista.

Ação de aprimoramento profissional: Avaliar as necessidades dos outros.

Dia 16 do ciclo: Expressar reconhecimento.

Ação de bem-estar: Aproveitar aquilo que você tem.

Ação de objetivo: Valorizar a jornada.

Ação de aprimoramento profissional: Valorizar outras pessoas.

Dia 17 do ciclo: Meio-termo e equilíbrio.

Ação de bem-estar: Harmonizar seu espaço.

Ação de objetivo: Desenvolver soluções em que ambas as partes saiam ganhando.

Ação de aprimoramento profissional: Lidar com bloqueios e disputas.

Dia 18 do ciclo: Persuasão e *networking*.

Ação de bem-estar: Ser ativamente sociável.

Ação de objetivo: Entrar em contato com quem pode proporcionar a ajuda desejada.

Ação de aprimoramento profissional: Fazer *networking*.

Dia 19 do ciclo: Apresentar ideias e vender conceitos.

Ação de bem-estar: Obter ajuda e apoio.

Ação de objetivo: Apresentar e vender seu sonho.

Ação de aprimoramento profissional: Vender suas ideias.

Dia 20 do ciclo: Preparar-se para a fase *Criativa*.

Ação de bem-estar: Organizar a próxima semana.

Ação de objetivo: Identificar áreas que precisam de criatividade.

Ação de aprimoramento profissional: Otimizar recursos.

Fase Criativa

Dia 21 do ciclo: Liberar a criatividade.

Ação de bem-estar: Fazer pausas criativas de 2 minutos.

Ação de objetivo: Criar algo fisicamente tangível.

Ação de aprimoramento profissional: Aplicar seu brilho criativo.

Dia 22 do ciclo: Semear o subconsciente.

Ação de bem-estar: Fazer pesquisas mentais.

Ação de objetivo: Buscar coincidências e o *feedback* do mundo.

Ação de aprimoramento profissional: Fazer *brainstorming*.

Dia 23 do ciclo: Realizar pequenas tarefas.

Ação de bem-estar: Cultivar-se.

Ação de objetivo: Dar pequenos passos.

Ação de aprimoramento profissional: Fazer tarefas pequenas.

Dia 24 do ciclo: Preparar-se para a fase *Reflexiva*.

Ação de bem-estar: Criar tempo livre.

Ação de objetivo: Priorizar tarefas.

Ação de aprimoramento profissional: Criar soluções para cada dia.

Dia 25 do ciclo: Desacelerar.

Ação de bem-estar: Permitir que seu corpo desacelere.

Ação de objetivo: Ser realista.

Ação de aprimoramento profissional: Destinar mais tempo para as tarefas.

Dia 26 do ciclo: Colocar a casa em ordem.

Ação de bem-estar: Organizar-se emocionalmente.

Ação de objetivo: Concentrar energia.

Ação de aprimoramento profissional: Organizar as coisas.

Dia 27 do ciclo: Dar ouvidos às necessidades interiores.

Ação de bem-estar: Dar ouvidos às suas necessidades.

Ação de objetivo: Concentrar-se nas necessidades subjacentes.

Ação de aprimoramento profissional: Não levar nada para o lado pessoal.

Fase Reflexiva

Dia 28 ou 1 do ciclo: Meditar e existir.

Ação de bem-estar: Meditação.

Ação de objetivo: Deixar para lá.

Ação de aprimoramento profissional: Trabalhar com as energias.

Dia 2 do ciclo: Comunicar-se com seu eu autêntico.

Ação de bem-estar: Largar os fardos.

Ação de objetivo: Redescobrir a satisfação.

Ação de aprimoramento profissional: Ser verdadeira consigo mesma.

Dia 3 do ciclo: Descobrir as verdadeiras prioridades.

Ação de bem-estar: Transformar coisas que "devem" ser feitas em coisas que "podem" ser feitas.

Ação de objetivo: Refinar a lista interior.

Ação de aprimoramento profissional: Identificar fontes de pressão.

Dia 4 do ciclo: Desistir da resistência.

Ação de bem-estar: Aceitar a conexão interior.

Ação de objetivo: Descobrir sua resistência.

Ação de aprimoramento profissional: Assumir uma nova direção.

Dia 5 do ciclo: Revisar.

Ação de bem-estar: Refletir sobre problemas pessoais.

Ação de objetivo: Verificar o progresso.

Ação de aprimoramento profissional: Buscar uma perspectiva geral.

Dia 6 do ciclo: Preparar-se para a fase *Dinâmica*

Ação de bem-estar: Escolher aventuras.

Ação de objetivo: Determinar ações.

Ação de aprimoramento profissional: Concentrar energias.

Fase Dinâmica
Dia 7

Período Ideal para: Novas Energias!

Bem-vinda à fase *Dinâmica*, o início de um novo mês. Esse mês será muito emocionante, pois vamos percorrer os diferentes Períodos Ideais e usar suas características para fazer as mudanças que precisamos para criar o sucesso e a satisfação que desejamos. A cada mês, temos a oportunidade de construir algo sobre o que já passamos e concretizamos no mês anterior e também de recomeçar, deixando para trás as cargas emocionais, ações e expectativas que não progrediram da maneira que esperávamos.

Nosso mês começa com o aumento natural de energias, entusiasmo e autoconfiança. Saímos do período de hibernação e, nos dias a seguir, sentiremos impulsos de fazer as coisas, colocar em dia as tarefas que deixamos de fazer durante a fase *Reflexiva*, iniciar novos projetos, defender o que sentimos ser correto e seguir o coração.

Somos capazes de trazer conosco, para o mundo, em forma de ações dinâmicas e positivas, os profundos compromissos e entendimentos obtidos na fase *Reflexiva*.

A fase *Dinâmica* assemelha-se à primavera. É um tempo para alimentar e regar as sementes das novas ideias, ajudando-as a brotar. Depois, na fase *Expressiva*, poderemos alimentar o crescimento e colher os frutos; na fase *Criativa*, cortar os ramos mortos; e, na fase *Reflexiva*, ver quais novas sementes vamos plantar e cultivar de novo.

Ação de bem-estar: Colocar as Tarefas em Dia

Aproveite a nova fonte de energia dinâmica e use esse momento para fazer as coisas. Olhe a lista de tarefas pendentes criada no dia 3 ou, se estiver começado agora o plano, faça uma lista de coisas que não foram finalizadas no mês anterior e das tarefas que quiser finalizar este mês. Quantas delas você consegue fazer nesta semana? Lembre-se, se uma tarefa for mais apropriada para outra fase e se os cronogramas permitirem, anote no diário quando planeja terminá-la.

Além disso, inicie tarefas que deseja fazer há meses ou até mesmo há anos. Com o nível alto de energia, você será capaz de fazer um bom progresso em pouco tempo e deixará de sentir o estresse e a culpa que vem trazendo consigo.

Ação de objetivo: Pesquisas e Trabalho em Fundamentos

Além de manifestar aumento de energia física, seus processos mentais também ficarão mais afiados e velozes. Comece a exercitar a mente.

Esse é o Período Ideal para decidir quais ações você fará este mês para atingir seus objetivos. Pesquise a abordagem lendo livros de *coaching* pessoal, sobre sucesso e realização, e agregue todas as informações relevantes.

Experimente métodos como a Programação Neurolinguística (PNL), repare nas técnicas de pessoas bem-sucedidas à sua volta e pense em como poderia fazer igual.

Ação de aprimoramento profissional: Enfrentar Problemas e Informações Complexas

A motivação da fase *Dinâmica* e seu foco em objetivos e realizações podem gerar falta de empatia com outras pessoas. Ações e palavras podem parecer estar muito concentradas, ou até mesmo agressivas e intransigentes. Esse período, no entanto, é ótimo para planejar e fazer análises práticas – mas é preciso fazer essas coisas sozinha, antes de apresentar as ideias a outras pessoas. Deixar um espaço entre o momento "eureca!" e o compartilhamento de ideias permite que os pensamentos desacelerem, seguindo rumo a um estado mais tranquilo, melhor para explicar planos e soluções.

Reserve um tempo hoje para trabalhar sozinha em quaisquer problemas que envolvam detalhes complexos, aspectos múltiplos, planejamento, estrutura, organização, ou que dependam de tempo.

Fase Dinâmica
Dia 8

Período Ideal para: Análise e Planejamento

A fase *Dinâmica* nos dá a oportunidade de assumirmos uma perspectiva geral ao mesmo tempo que nos concentramos nos detalhes. Isso faz dela o Período Ideal para criar novos planos e examinar planos de curto e longo prazos já existentes.

As técnicas de *coaching* pessoal nos dizem para pensar sobre nossas necessidades e objetivos de vida e determinarmos se estamos dispostas a dedicar o tempo e o esforço necessários para atingi-los. As fases anteriores nos deram uma boa noção sobre o que é importante para nós e sobre a direção em que devemos nos esforçar.

Após ter decidido nos comprometer com um objetivo na fase *Reflexiva*, podemos concentrar o poder da fase *Dinâmica* para determinar os estágios pelos quais deveremos passar para alcançá-lo. Esse é nosso plano de ação para o longo prazo. Podemos, então, dividir cada ação em tarefas distintas, começando com o que faremos hoje.

Objetivos e planos de ação precisam de um cronograma que nos motive a realizá-los. Podemos usar essa fase para pensar sobre quando gostaríamos de atingir nosso objetivo e analisar se ele é prático ao se considerar a lista de ações e tarefas necessárias para atingi-lo. As fortes capacidades de análise e raciocínio dessa fase nos permitem criar listas de coisas a fazer sem ficarmos emocionalmente sobrecarregadas, algo que pode acontecer durante a fase *Criativa*. Temos a oportunidade de assumir uma perspectiva geral e dividir nossos objetivos em animadoras tarefas mensais, semanais e diárias, para nos manter no caminho no decorrer do mês.

Ação de bem-estar: Ficar Saudável

Durante as fases *Criativa* e *Reflexiva*, é possível que você tenha perdido o interesse por sair, praticar atividades físicas e viver um estilo de vida saudável. O entusiasmo e a motivação da fase *Dinâmica* fazem dela o Período Ideal para recomeçar a dieta, definir os objetivos de peso ou de alimentação saudável para o mês e planejar as refeições da semana a seguir. Verifique o peso sempre, uma única vez durante o mês, e o faça durante essa fase. Qualquer que seja o peso, você estará se vendo de maneira positiva e terá motivação para fazer o que for preciso.

Use as habilidades ampliadas de planejamento para determinar como poderá se exercitar todo dia, abrir espaço para ida à academia ou comparecer a aulas de yoga, Pilates ou até mesmo de dança do ventre! Planejar e organizar agora, durante essa fase, a ajudará a se manter motivada nas fases menos enérgicas.

A mente também estará pronta para aprender coisas novas e ávida para aplicá-las, o que faz dessa fase o melhor momento para ler livros de desenvolvimento pessoal e comparecer a aulas e *workshops*.

Ação de objetivo: Planejar o Mês Seguinte

Se você estiver começando o plano, use as capacidades mentais hoje para determinar um objetivo para este mês e desenvolver um plano de ações – uma lista de todas as tarefas que você terá de fazer para atingi-lo.

Se já tiver seguido o Plano Diário da Mulher Realizada por um mês, terá revisado seu compromisso emocional com os objetivos na fase *Reflexiva* e poderá usar agora esse Período Ideal para começar a planejar a abordagem prática e o cronograma para este mês. Você pode levar em conta quaisquer mudanças nos objetivos que tiverem ocorrido no mês anterior, coisas do plano de ações que não foram concretizadas e todas as mudanças no cronograma.

Use o diário, o Plano Diário e a lista de tarefas para determinar, onde for possível, os Períodos Ideais para cada tarefa. É claro que nem sempre podemos encaixar tudo nos Períodos Ideais, mas isso não significa que não podemos fazer um plano de ações. Simplesmente não estaremos trabalhando em total harmonia com as habilidades ampliadas.

Ação de aprimoramento profissional: Análise da Situação

A fase *Dinâmica* intensifica as capacidades analíticas, o que faz dela um ótimo momento para examinar o estado de projetos atuais e atualizar agendas, etapas e prazos. Analise atividades profissionais, como arquivamento e relatórios, e desenvolva métodos de trabalho mais eficazes e eficientes.

As capacidades mentais ampliadas também indicam que somos capazes de nos concentrar em detalhes. Use, portanto, esse período para verificar todas as letras miúdas de contratos, formular propostas financeiras, ler documentos complexos e escrever ou editar relatórios.

Fase Dinâmica
Dia 9

Período Ideal para: Iniciar Projetos

Quando iniciamos novos projetos sem estarmos conscientes dos Períodos Ideais, podemos nos surpreender e nos frustrar se nos virmos fracassando repetidamente sem atingir os resultados desejados. Por exemplo, se tentarmos iniciar uma dieta ou parar de fumar durante as fases *Criativa* ou *Reflexiva*, nosso baixo nível de energia, confiança e motivação podem dificultar o sucesso. Quanto mais vezes iniciamos projetos na hora errada e não atingimos o objetivo, mais nossa autoconfiança e autoestima sofrem. É claro que o melhor momento para iniciar projetos é quando estamos com forte autoconfiança e energia para organizar a vida, a fim de dar suporte ao novo projeto – a fase *Dinâmica*.

A fase *Dinâmica* nos oferece todas as capacidades ampliadas de que precisamos para iniciar projetos: alta motivação, confiança nas capacidades e habilidades mentais e resistência física. Muitas mulheres me dizem que gostariam de continuar nessa fase o mês inteiro. Porém, apesar de a fase *Dinâmica* ser boa para iniciar projetos, não traz consigo as habilidades de apoio da fase *Expressiva*, a inspiração da fase *Criativa* e a sabedoria da fase *Reflexiva*. Quando aproveitamos ao máximo as capacidades ampliadas nos Períodos Ideais, fica muito mais fácil atingir objetivos e ir além das expectativas.

Ação de bem-estar: Começar

Este é o Período Ideal para iniciar novos projetos. Deixe que o entusiasmo e a motivação de hoje a impulsionem a dar os primeiros passos. Uma viagem de mil quilômetros começa com um passo, então aja agora.

Pegue qualquer projeto em andamento e use a fase *Dinâmica* para reenergizá-lo ou dar início à próxima etapa. Se estiver parando de fumar, pode diminuir o número de cigarros. Se estiver se exercitando na academia, pode começar a aumentar o tempo ou a quantidade de exercícios. Não deixe passar essa oportunidade maravilhosa para revitalizar projetos em andamento e iniciar novos.

Ação de objetivo: Esforçar-se

Já fizemos o planejamento (dia 8). Você tem sua lista de tarefas, agora comece. Nessa fase, esforce-se – a capacidade de se concentrar em múltiplas tarefas e a energia física a ajudarão. Pode ser que você perceba que a concentração e a motivação fazem com que as pessoas à sua volta se sintam um pouco negligenciadas ou isoladas. Explique que essa é sua semana ideal para agir e que a está usando da melhor forma para pôr tarefas em dia ou colocar projetos em andamento. Ficará mais fácil lidar com as pessoas na fase *Expressiva*.

Ação de aprimoramento profissional: Aprender Algo Novo

Na fase *Dinâmica*, a capacidade de aprendizado muitas vezes aumenta, então esse é um momento perfeito para ler aquele manual que você vem dizendo que deveria ler, entrar em um curso sobre alguma habilidade profissional ou simplesmente pedir a alguém que lhe mostre como fazer alguma coisa. Quando estiver planejando o mês, tente dispor de algum tempo para aprender alguma coisa nessa fase. A fase *Dinâmica* não é muito boa para trabalho em equipe, então opte por cursos particulares, palestras ou cursos *on-line* e livros. Tente escolher assuntos que costume achar muito complexos; pode ser que se surpreenda com a rapidez com que aprende as coisas nessa fase.

Fase Dinâmica
Dia 10

Período Ideal para: Empoderamento Individual

Esta fase é muito voltada à nossa condição de indivíduos. É muito comum perdermos contato com a noção de individualidade, independência e valor próprio com as pressões do trabalho, das responsabilidades, das opiniões dos outros e de nossa autocrítica.

A fase *Dinâmica* é o momento perfeito para ativarmos o poder pessoal, sentirmos que temos valor e sabermos que temos força de vontade para fazer as coisas acontecerem. Essa fase nos permite reassumir o poder, legitimando nossos sonhos e necessidades, reservando tempo e energia para expressar essas coisas e, o mais importante, agindo para realizá-las. Recebemos da mente a permissão para nos centrarmos em nós mesmas e colocar nossas necessidades em primeiro plano. Muitas vezes, quando reconhecemos que nossas necessidades são importantes e dedicamos o tempo necessário a elas, podemos ter uma fase *Criativa* menos turbulenta.

A fase *Dinâmica* vem com enorme quantidade de energia vital que podemos aplicar em nossas necessidades para manifestar resultados. Podemos usar as atitudes e os pensamentos positivos para atrair a abundância, os relacionamentos, a saúde, o sucesso e a satisfação que desejamos. Muitas mulheres cresceram com a crença de que para sermos "boas" temos de colocar as necessidades dos outros à frente das nossas; por causa disso, podemos perder essa oportunidade única mensal de recarregar a bateria da autoestima e do amor-próprio. É a renovação do poder pessoal nessa fase que pode nos dar a força e a autoconfiança necessárias para ajudarmos outras pessoas no restante do mês.

Ação de bem-estar: Poder do Pensamento

Você pode explorar ativamente o poder natural do pensamento positivo manifestado durante essa fase para criar o que quiser. Para ter mais do que já tem, concentre os pensamentos no que já possui, alimentando sentimentos positivos de felicidade e gratidão. Esses sentimentos, por sua vez, atrairão mais daquilo que você deseja. Pratique a ação de focar no fato de que o copo está meio cheio e não meio vazio! Um método divertido de atrair a abundância, do livro *O segredo,* de Rhonda Byrne, é escrever em um envelope de depósito uma quantia que você queria receber. Olhe o envelope todos os dias, leve-o com você, saiba que você tem esse dinheiro na vida e curta imaginar gastá-lo em tudo o que deseja. Sinta-se feliz, empoderada e grata – esse dinheiro é seu porque você tem valor.

Ação de objetivo: Nutrir Sentimentos de Sucesso e Realização

Quando aumentamos os sentimentos de empoderamento e sucesso, aumentamos a crença de que atingiremos objetivos futuros.

A fase *Dinâmica* é o Período Ideal para usar uma técnica da Programação Neurolinguística (PNL) chamada "ancoragem". Ela envolve imaginar ou se lembrar de uma situação que crie sentimentos positivos e usar um estímulo físico, como bater palmas ou estalar os dedos, para "ancorá-los". Depois, por exemplo, durante as fases *Criativa* ou *Reflexiva*, quando surgir a necessidade de se religar com crenças e pensamentos mais positivos, use o estímulo para despertar sentimentos mais otimistas.

Escolha uma memória ou imagine uma situação extraordinária para ter um sentimento de felicidade, confiança e sucesso. Faça da experiência a mais real possível. Imagine as cores vibrantes, os sentimentos intensos e os sons fortes. Quando tiver criado uma experiência poderosa, execute o estímulo físico, então pense em algo tedioso e corriqueiro. Depois, repita o processo mais duas vezes para ancorar os sentimentos no estímulo físico.

Ao estabelecer a ancoragem nesse Período Ideal, podemos aumentar sua eficácia e obter resultados mais fortes em outras fases.

Ação de aprimoramento profissional: Concentrar-se em Si Mesma

É muito comum ter de trabalhar em equipe no ambiente profissional. Mas a equipe só funciona bem quando os sentimentos e as necessidades individuais dos membros são legitimados e satisfeitos, e você está incluída nisso.

Hoje, concentre-se em si mesma. Pergunte-se o que precisa fazer para aprimorar o trabalho e a sensação de bem-estar no ambiente profissional. O que pode fazer para satisfazer às suas necessidades profissionais? A quem no trabalho você poderia pedir ajuda?

Se precisar pedir a outras pessoas que a ajudem ou façam algo por você, espere até por volta do dia 19. Na fase *Expressiva,* ficamos muito mais capazes de nos expressar em termos não críticos, assim como nos tornamos mais capazes de entender e aceitar as respostas dos outros.

Fase Dinâmica
Dia 11

Período Ideal para: Crenças Positivas

Durante a fase *Dinâmica*, ficamos mais receptivas a acreditar em pensamentos positivos sobre nós mesmas, sobre o futuro ou sobre uma situação em particular. Diferente da fase *Criativa*, em que o uso de uma afirmação positiva pode nos lembrar inúmeros motivos pelos quais essa afirmação não seria verdadeira, a fase *Dinâmica* proporciona de forma intrínseca fortes sentimentos de crença na afirmação. Isso faz dessa fase o Período Ideal para exercitar o pensamento positivo para aumentar a crença em nossas capacidades, legitimar a nós mesmas e nossos sonhos e trabalhar a autoconfiança. Exercitar a capacidade de acreditar uma vez ao mês ajuda a criar mudanças profundas e impactantes em nós mesmas e pode nos auxiliar a nos sentirmos mais fortes quando enfrentarmos, depois, os desafios das fases *Criativa* e *Reflexiva*. Também podemos usar a fase *Dinâmica* para obter motivação, com foco nos resultados de nossos objetivos. Uma vez que estamos naturalmente mais propensas a acreditar no que é positivo, a visualização do nosso sucesso se torna uma ferramenta muito poderosa para criar as emoções positivas necessárias para gerar ação, enfrentar desafios e manter o embalo nas outras fases em que manifestamos energia menos dinâmica.

Ação de bem-estar: Afirmações Positivas

A fase *Dinâmica* é o Período Ideal para usar afirmações positivas para o desenvolvimento pessoal e para manifestar desejos. Afirmações positivas são declarações construtivas sobre resultados desejados com linguagem que sugere que eles já existem. Por exemplo: "Minha felicidade e satisfação estão aumentando". "Estou no processo de atingir todos os meus objetivos com facilidade." "Estou no processo de aumentar minha abundância." "Meu sucesso está aumentando." "Minha vida tem cada vez mais oportunidades animadoras". "Minha autoconfiança aumenta todos os dias."

Escolha uma afirmação para este mês e a escreva em algumas folhas de papel. Disponha essas folhas em lugares em que as verá com facilidade. Reserve alguns minutos por dia para repetir a afirmação em voz alta e sinta as emoções por trás das palavras. Quando terminar, pare um momento e sinta gratidão pelos seus desejos terem se realizado. Não desperdice essa oportunidade mensal de recarregar as baterias de empoderamento pessoal.

Também podemos usar essa técnica para obter bons resultados na fase *Expressiva*.

Ação de objetivo: Acreditar no Futuro

Reserve alguns minutos hoje para se visualizar com seu objetivo concretizado.

Qual é a sensação? Na visualização, o que está fazendo de diferente da sua vida atual? Quem está presente na sua vida? Imagine como seria um dia com seu objetivo realizado. Como se sente quando se levanta da cama? Como é a sua rotina? O que faz durante o dia? Quem encontra e aonde vai? Como se sente quando vai dormir?

Imagine tudo isso da maneira mais viva e mais clara possível, como se fosse a lembrança de um bom dia que já viveu. Delicie-se com esses sentimentos maravilhosos.

Sinta-se bem consigo mesma e com seu objetivo e leve as ideias e os sentimentos positivos consigo para a vida diária, para fazer tudo acontecer!

Ação de aprimoramento profissional: Concentre-se Naquilo Que Você Gosta

Os dias de trabalho ficam tão dominados por tarefas corriqueiras que se torna difícil não perder o entusiasmo, a crença em si mesma e a intensa energia do início do dia ou de quando começamos no emprego. A fase *Dinâmica* oferece a oportunidade de reavivar esse entusiasmo com a criação de sentimentos de crença em nós mesmas e a intensificação de sentimentos positivos em relação aos aspectos do nosso trabalho que realmente gostamos.

Olhe seu trabalho e concentre-se no que gosta e no que lhe traz satisfação. Pense sobre suas habilidades, sobre as tarefas que desempenha bem e sobre o conhecimento que possui e sinta as maravilhosas sensações de crença em si mesma e de autoconfiança que essas coisas suscitam. A tarefa de hoje é acreditar em si mesma e em seu trabalho. Desfrute desses sentimentos positivos.

Fase Dinâmica
Dia 12

Período Ideal para: Corrigir o Que Está Errado

A fase *Dinâmica* vem acompanhada de forte noção do que é "certo" e "errado". Durante as fases *Expressiva* e *Reflexiva*, tendemos menos a defender o que é certo, mas na fase *Dinâmica*, de uma hora para outra, achamos importante lutar pelo que achamos que é certo, não só por nós mesmas, mas igualmente contra injustiças que vemos ao nosso redor, no mundo. Ficamos muito mais determinadas e mais dispostas a agir para defender a justiça, também em nome de outras pessoas. É a fase das defensoras, da voz do jogo limpo, da guerreira ecológica, daquela que reclama pelo telefone ou escrevendo cartas e das defensoras das vítimas.

Nossa capacidade de agir com base nos sentimentos, quando direcionada com cuidado, pode vir a ser a catalisadora de grandes mudanças. Quando assumimos postura moral e damos passos na direção da ação com base em nossos princípios, sentimos que estamos expressando nossas crenças mais profundas e tendo efeito positivo. Também percebemos que fazemos a diferença no mundo e que somos empoderadas.

No entanto, se não for direcionada com cautela, essa fase pode ser caracterizada por comportamentos agressivos e dominadores. Nossa percepção da injustiça e a convicção sobre o que deve ser feito podem acabar atropelando os sentimentos das outras pessoas. Tenha cuidado.

Ação de bem-estar: Defender o Que é Certo

Pense sobre o que sente estar certo e na vida diária. Em que área você pode ser mais assertiva em relação a quem é, suas ideias, seus limites, e o que sente ser "certo" para si mesma? Use suas capacidades mentais analíticas e construtivas para determinar como pode corrigir as coisas e as situações. Pergunte-se se foi justa ou injusta com os outros no mês anterior. Suas ações foram benéficas para você e para os outros? Não defenda somente a si mesma: quem mais precisa da sua ajuda para lutar pela própria causa? Pense sobre como pode fazer a diferença. Lembre-se de que essa fase é boa para iniciar projetos, estruturar e planejar campanhas, escrever para outras pessoas, criar petições e se concentrar nos detalhes. Reuniões cara a cara e apoiar outras pessoas na própria determinação são coisas mais apropriadas para a fase *Expressiva*.

Ação de objetivo: Imaginar o Efeito em Cadeia de suas Atitudes

Uma forma de aumentar a motivação pessoal é levar em conta como a realização do nosso objetivo é algo "certo" não só para nós, mas também para os outros. Muitas vezes, podemos sabotar nossos objetivos por sentirmos subconscientemente que estamos sendo "egoístas". No entanto, se reconhecer que sua felicidade, seu bem-estar, sua segurança financeira, sua boa forma ou seu sucesso beneficiarão outras pessoas, poderá sentir que está à altura da realização do objetivo.

Pergunte-se se há um aspecto altruísta em seu objetivo. Quando atingi-lo, ele terá efeito positivo nas pessoas ao redor? O que a realização do objetivo lhe permitiria fazer que beneficiaria os outros? Anote todos os benefícios que puder imaginar e acrescente-os à lista durante o dia, à medida que descobri-los.

Ação de aprimoramento profissional: Ser Defensora

O que parece estar "certo" e "errado" em seu trabalho? Os colegas são tratados com justiça e respeito? Os canais de comunicação funcionam bem? Há suporte suficiente para colegas e clientes? A empresa/organização/empregador está jogando limpo? Ele/ela se alinha com seus valores éticos?

O que você pode fazer para corrigir problemas ou conscientizar os outros dos problemas? Se decidir agir, tente fazê-lo com o consentimento de outras pessoas. Uma heroína se adiantando sozinha para "salvar o dia" pode ser interpretada como crítica, dominadora ou agressiva.

Fase Dinâmica
Dia 13

Período Ideal para: Preparar-se para a Fase Expressiva

À medida que passamos da fase *Dinâmica* para a fase *Expressiva*, passamos a nos concentrar menos em nós mesmas, ficamos menos analíticas e menos motivadas. Ficamos mais conscientes das necessidades das outras pessoas e da importância de se relacionar com elas. Também ficamos mais empáticas, tolerantes e capazes de perceber e entender sentimentos. Ao passo em que tocamos novas ideias e projetos na fase *Dinâmica*, a fase *Expressiva* nos dá a oportunidade de nos tornarmos mais apoiadoras e acolhedoras com os projetos que iniciamos. Ela é, dessa forma, o Período Ideal para colaborar com o progresso das coisas, e obtemos conhecimento intuitivo de como fazê-lo.

Na fase *Reflexiva* também podemos ficar mais tolerantes, o que nos dá a capacidade de escutar de fato o que as pessoas dizem e dar respostas empáticas, o que a torna o Período Ideal para apoiar amigos, membros da família e colegas de trabalho. Quando as pessoas sentem que seus sentimentos e suas necessidades foram ouvidos e legitimados, ficam mais dispostas a criar relacionamentos positivos, quer dentro da família, quer em uma reunião de equipe. Nossos próprios sentimentos de confiança e força, com nossas habilidades comunicativas, fazem dessa fase o Período Ideal para cultivar relacionamentos.

Essa fase traz uma mudança da criatividade da atividade mental da fase *Dinâmica* para uma criatividade mais prática, emocional e "materna". Não desperdice esse empolgante Período Ideal; use-o para criar o carinho de que você precisa e o ambiente apoiador que deseja, e para expressar criativamente a pessoa que sente ser.

Ação de bem-estar: Contatar Outras Pessoas

Faça uma lista das pessoas que não contata há algum tempo ou a quem não dedicou tempo o bastante recentemente. Durante a fase *Expressiva*, ficamos com estabilidade e força emocional suficientes para apoiar mais pessoas do que parecemos ser capazes. Comprometa-se com "entrar em contato e tocar" alguém na semana que está por vir. Quem ao redor precisa de cuidados e atenção extra? Pode ser que os tenha negligenciado na fase *Dinâmica*. O que pode fazer para que se sintam mais apoiados e acolhidos durante esta semana?

Ação de objetivo: Cultivar Projetos

Dê uma olhada em projetos e objetivos que, no momento, parecem estar parados, saindo de curso ou perdendo embalo. Pense no que fazer para lhes dar apoio, criar um novo embalo positivo ou ajudá-los a se desenvolver. Eles precisam de um pouco de atenção com regularidade? Você precisa reservar mais tempo e esforço para apoiá-los do que já reserva? Projetos e objetivos costumam enfraquecer e morrer, a menos que os cultivemos com energia, ações e atenção.

Ação de aprimoramento profissional: Sentir-se Confortável no Trabalho

O trabalho é o local onde passamos grande parte do dia. A maneira como nos sentimos no ambiente profissional afeta como nos sentimos a respeito de nosso trabalho e de nosso desempenho nele. Observe o espaço em que passa a maior parte do tempo. Há algo que possa fazer para torná-lo mais acolhedor, confortável e familiar? Algo tão simples quanto uma planta pode ajudar.

Se trabalha em um local que não pode mudar, ou está sempre mudando de lugar, o que pode fazer com as roupas/mala/maleta para apoiar e expressar a feminilidade? Divirta-se planejando suas roupas ou as mudanças que fará esta semana no ambiente profissional.

Resumo final da Fase Dinâmica

Para ajudar você a analisar suas experiências durante a fase *Dinâmica*, pode ser bom responder às seguintes perguntas.

1. Como foi sua fase *Dinâmica*? Em comparação com a fase *Reflexiva*, como você se sentiu?

Emocionalmente	
Mentalmente	
Fisicamente	

2. Em que dias do plano você sentiu que informações e ações condisseram com suas experiências pessoais?

3. Que capacidades constata que estavam aprimoradas ou mais fáceis nesta fase em comparação com a anterior?

4. Como aplicou, na prática, este mês, suas capacidades ampliadas?

5. O que planeja fazer com as capacidades da fase *Dinâmica* no próximo mês?

6. Qual foi a coisa mais surpreendente, intrigante ou incrível que descobriu sobre si mesma nesta fase?

Personalizando o plano

Você pode personalizar o Plano Diário da Mulher Realizada para que ele se adeque ao seu ciclo único escolhendo ações que estejam em harmonia com suas capacidades do Período Ideal e combinando-as em uma lista com as datas de seu ciclo. Pode repetir as mesmas ações em vários dias.

Preencha a tabela abaixo e veja se consegue planejar algumas tarefas para o próximo mês, de modo a empregar da melhor forma suas capacidades ampliadas.

Fase Dinâmica		
Meu Período Ideal para:		
Número do dia do ciclo	Ações para o Período Ideal	Tarefa para o próximo mês

Fase Expressiva
Dia 14

Período Ideal para: Trabalhar o Sucesso e a Autoconfiança

Bem-vinda à fase *Expressiva*, sua oportunidade de trabalhar com os sentimentos de sucesso, criar relacionamentos receptivos e expressar ideias e sonhos para o mundo.

Às vezes, temos tantas responsabilidades e tarefas que parece que nunca chegaremos ao final da lista de afazeres. O único sucesso que costumamos nos permitir sentir é a satisfação de ter terminado X% da lista antes de cairmos no sono, exaustas. Deixamos passar a realidade do sucesso, perdendo também o sentimento de termos feito um bom trabalho. Além disso, costumamos definir o sucesso como algo que muda a vida drasticamente; portanto, não surpreende sentirmos infelicidade, falta de empoderamento e ausência da motivação em lugar de sentimentos de realização pessoal.

Quando nos permitimos pensar sobre as coisas que realizamos, não só nos sentimos bem conosco mesmas como nos vemos ativamente empoderadas, expressando ao mundo quem somos. Nossos sucessos podem ser pequenos ou grandes, importantes apenas para nós ou com efeito positivo também em amigos, familiares e no mundo inteiro! Ao trabalhar para construir uma base de referência de sentimentos a cada mês, começamos a obter provas de que temos sucesso e começamos a sentir mais autoconfiança e autoestima.

A fase *Expressiva* é muito voltada para o lado sentimental; então, mais que em qualquer outra fase, fica mais fácil gerar sentimentos positivos de sucesso.

O eu subconsciente não é capaz de determinar a diferença entre o real e o imaginário, então podemos sentir sucessos imaginários como reais. Podemos também transformar fracassos do passado em sucessos!

Por exemplo, se um acontecimento importante ocorrido alguns anos atrás não foi tão bom, transforme o passado e sinta emoções positivas de sucesso. Não deixamos de aprender com a experiência, mas por que não levar conosco uma história mais positiva e empoderadora em lugar de uma história negativa? Fazendo isso, podemos construir um forte alicerce de sentimentos de sucesso que alimentará nossa motivação.

Ação de bem-estar: Imaginação Positiva

Invente um acontecimento em que você é bem-sucedido ou transforme mentalmente uma experiência passada. Pode ser tão fantástico quanto você quiser, então divirta-se. Imagine o acontecimento o mais realisticamente possível; imagine as cores vivas, sinta as texturas e escute os sons. Isso está acontecendo com você agora, e a mente carregará essa memória e os sentimentos para o futuro. Permita-se realmente desfrutar dos prazeres requintados do sucesso, da realização e do bem-estar. Aplique em sua vida o poder da imaginação positiva.

Ação de objetivo: Gerar Provas

Afirmações positivas podem ser usadas com eficácia durante a fase *Expressiva*, e, se você acrescentar o termo "porque" ao final da frase, ela ficará ainda mais poderosa. Por exemplo, podemos acrescentar um sucesso anterior como prova emocional para a afirmação "Sinto-me bem-sucedida porque…".

Também podemos tornar nossas afirmações mais poderosas e emocionais acrescentando os termos "eu amo". Por exemplo: "Eu amo ter dinheiro na vida". O subconsciente fica mais receptivo nessa fase para aceitar as emoções positivas como prova de que algo é real. Ao acrescentar emoções positivas em suas afirmações, você ajuda a fixar novos conceitos tanto nos padrões emocionais quanto nos processos mentais.

Hoje, use o Período Ideal dos sentimentos para ajudá-la a gerar forte crença na capacidade de ter sucesso. Faça isso gerando provas para seus sucessos:

"Sinto-me bem-sucedida porque... (*acrescente suas provas*). Eu amo ter sucesso".

Quando sentimos que temos sucesso, ficamos mais motivados e com força interior para avançar rumo ao nosso objetivo, por meio dos desafios.

Ação de aprimoramento profissional: Reconhecer os Sucessos

Use o dia de hoje para responder à pergunta: "O que realizei no trabalho e como ajudei e apoiei minha empresa/meus colegas/meus clientes?".

Concentre-se nas pequenas coisas que realizou e também nas realizações maiores. Nós mesmas não costumamos reconhecer a realização de pequenas coisas para outras pessoas, e conta igualmente como sucesso fazer as coisas que você tinha a obrigação de fazer ou que não queria fazer.

Esse processo pode transformar um trabalho aparentemente monótono e sem realizações em um repleto de realizações. Provando a si mesma que é bem-sucedida, você imediatamente aprimora e incentiva a motivação e o entusiasmo.

Fase Expressiva
Dia 15

Período Ideal para: Comunicação

A fase *Expressiva* é o Período Ideal para descobrir como as outras pessoas pensam e se sentem. A tendência dessa fase acolhedora ao afeto e ao altruísmo significa que tendemos menos a ficar excessivamente sensíveis às atitudes dos outros ou a nos sentir ameaçadas por suas opiniões, palavras e necessidades. Essa fase vem com a capacidade natural de boa comunicação, de aceitar as pessoas como são, de legitimar suas prioridades e opiniões e ser uma ouvinte empática e ativa. Podemos usar essa aptidão mais intensa para escutar as outras pessoas e descobrir como se sentem. Com tão pouco tempo livre na vida agitada, raramente dispomos do tempo necessário para realmente escutar o que nossos filhos, nosso parceiro, nossa família, nossos amigos, colegas ou clientes nos dizem.

Simplesmente parar o que estamos fazendo, virar para a outra pessoa e lhe dar total atenção pode ser o suficiente para cultivar um relacionamento mais positivo. Acrescente a isso o ato de lhe dar a liberdade para falar, e podemos nos surpreender com as suposições que viemos fazendo acerca de como ela se sente e do que precisa.

Também podemos perguntar às pessoas de que elas precisam para ter um relacionamento melhor conosco e como podemos ajudá-las a enriquecer sua vida, sem ter de defender ações do passado ou aparentes ataques à nossa pessoa. Diferente da fase *Criativa*, em que ficamos mais ativas e menos empáticas, a comunicação na fase *Expressiva* fica mais fácil, mais positiva, e temos menos necessidade de transmitir nosso ponto de vista.

Ação de bem-estar: Aceitar a Si Mesma

Para apoiar os outros, precisamos também apoiar a nós mesmas, e os sentimentos "maternos" da fase *Expressiva* podem ser usados para encorajar a autoaceitação e os pensamentos positivos. Para muitas mulheres, o diálogo interior, muitas vezes, consiste em autocríticas e na identificação de culpas e erros, mas o aspecto de "mãe interior" dessa fase pode oferecer a maravilhosa oportunidade de se reconectar com sentimentos de autoaceitação e amor incondicionais.

Hoje, use a seguinte afirmação para dar-se a permissão de ser o que quer e quem quer que seja: "Eu me permito ser...". Você pode acrescentar "bonita", "bem-sucedida", "feliz", "amada" ou qualquer outro aspecto seu que precise de sentimentos de legitimação, acolhimento e aceitação. Você pode continuar usando essa afirmação no decorrer de toda a fase.

Ação de objetivo: Buscar Outros Pontos de Vista

A fase *Expressiva* é o Período Ideal para perguntar às outras pessoas quais são as opiniões e perspectivas delas sobre seus objetivos e sobre seu progresso, uma vez que nessa fase você pode aceitar comentários sem interpretá-los como críticas. Encontre alguém que lhe dê um ponto de vista objetivo sobre o que você está tentando atingir. Pode ser um amigo próximo para uma visão geral pessoal, ou um especialista com experiência e conhecimento sobre o objetivo que você quer realizar. Seja específica sobre o tipo de comentário que gostaria de ouvir. Em particular, concentre-se nas áreas em que se sente bloqueada ou insegura, pois, muitas vezes, nossa reação ao que os outros dizem pode elucidar como de fato nos sentimos sobre uma situação.

Ação de aprimoramento profissional: Avaliar as Necessidades dos Outros

Este é um ótimo momento para rever relacionamentos profissionais e participar de avaliações de trabalho e de funcionários. Pergunte aos colegas ou funcionários sobre seu trabalho e se há algo que eles gostariam que mudasse para criar um ambiente profissional melhor e a sensação de que são valorizados.

Vá ao nível pessoal e descubra o que colegas e chefes precisam que você faça. Sim, pode ser que soe como crítica, mas lembre-se de que durante essa fase você se torna mais capaz de ver as coisas do ponto de vista de terceiros e que é menos possível que interprete qualquer coisa dita como ataque pessoal a você ou ao seu trabalho. Também nos tornamos mais capazes de escutar as necessidades por trás do que é dito e os sentimentos que estão sendo expressos.

Fase Expressiva
Dia 16

Período Ideal para: Expressar Reconhecimento

No decorrer da fase *Expressiva*, a noção de bem-estar pessoal pode se vincular à expressão de sentimentos de amor e reconhecimento, de gratidão e afeto.

O bem-estar de relacionamentos com pessoas que conhecemos, com desconhecidos, com comunidades e com o planeta pode se tornar importante para nós. Diferente da fase *Criativa*, em que ficamos facilmente sobrecarregadas com a vida dos outros e suas necessidades, nessa fase a empatia natural e a força interior nos empoderam a agir de maneira apoiadora.

Uma maneira de agir de forma apoiadora é expressando reconhecimento e gratidão.

O reconhecimento da condição do planeta nos faz colocar as garrafas na lata de reciclagem. Reconhecer os colegas de trabalho nos leva a construir melhores relacionamentos e gera motivação. Expressar gratidão pela ajuda e pelo apoio, ou simplesmente porque uma pessoa faz parte da nossa vida, ajuda os outros a sentirem que são importantes e valorizados e cria relacionamentos duradouros.

Diferente da fase *Dinâmica*, que nos motiva a iniciar novos projetos e nos leva para novas direções, a fase *Expressiva* nos faz apreciar a vida como ela é agora. Podemos sentir uma apreciação maior pelo trabalho que fazemos, pelo ambiente em que vivemos e pelos relacionamentos que temos. A fase *Expressiva* também nos dá paciência para observarmos nossos projetos atuais crescerem e se desenvolverem do seu próprio jeito e a capacidade de criar mudanças com orientação e acolhimento gentil, não com mudanças dramáticas.

Ação de bem-estar: Aproveitar Aquilo Que Você Tem

Concentre-se em simplesmente aproveitar a vida que você tem. Sinta-se feliz e grata por todas as experiências enriquecedoras, pelas pessoas, pelos locais e objetos que você ama e por tudo o que enriquece sua vida.

Observe a natureza, aprecie os sentidos para desfrutar do mundo e simplesmente aproveite o fato de estar viva. Pergunte-se: "O que amo em minha vida, em mim mesma e nas coisas que tenho?". Desfrute do que tem e acabará atraindo mais.

Ação de objetivo: Valorize a Jornada

Atingir objetivos é algo que às vezes nos faz focar tanto naquele acontecimento feliz do futuro que nos esquecemos de viver durante a jornada. Esquecemo-nos de parar para observar de onde viemos, quanto já caminhamos e como é belo o caminho que percorremos. Apreciar a jornada e como ela nos enriquece é algo que pode nos encher de motivação para não deixarmos de prosseguir quando enfrentamos desafios.

Esqueça a ideia de agir para atingir objetivos; dê a eles o espaço para se desenvolverem no próprio ritmo e do próprio jeito. Ao fazer isso, você poderá se surpreender com os resultados. Também esqueça os sucessos do futuro; hoje, simplesmente sinta gratidão pelo ponto onde se encontra no caminho.

Ação de aprimoramento profissional: Valorize Outras Pessoas

Quem no trabalho vem tendo bom desempenho? Quem a ajudou nas próprias tarefas?

Se estiver envolvida com um grupo ou uma equipe, identifique quais membros não estão tendo suas contribuições valorizadas. Quem ao seu redor parece não valorizar o esforço, as habilidades e o compromisso que ele mesmo colocou no projeto?

Descubra maneiras de expressar seu reconhecimento. Pode ser qualquer coisa, desde uma carta de gratidão até a criação de uma premiação mensal para a equipe.

Fase Expressiva
Dia 17

O Período Ideal para: Meio-Termo e Equilíbrio

A fase *Expressiva* nos oferece empatia intensificada, consciência das conexões e dos relacionamentos e percepção ponderada das necessidades de terceiros.

Essas habilidades e capacidades fazem dessa fase o Período Ideal para arbitrar disputas e criar compromissos, equilíbrio e situações em que todos os lados saem ganhando. Somos mediadoras naturais, dotadas de imparcialidade para entender os fatores subjacentes que influenciam as ações, os sentimentos e a linguagem utilizada pelas pessoas.

Bloqueios na comunicação podem acontecer quando as pessoas não são capazes de formular verbalmente seus problemas; as capacidades da fase *Expressiva* facilitam ajudar essas pessoas a se expressarem. Muitas vezes, isso auxilia a encontrar soluções inusitadas, solucionar disputas, mudar a atitude das pessoas e encontrar ideias criativas.

Também é fácil, durante essa fase, nos sintonizarmos com a noção intrínseca de harmonia; porém, em geral, não aproveitamos essa consciência. A fase *Expressiva* nos dá a capacidade não somente de sentir o que não está em harmonia, mas também de sentir quais ações são necessárias para trazer a harmonia de volta ao ambiente e aos relacionamentos.

Ação de bem-estar: Harmonizar o Espaço

Observe sua sala e sintonize a noção de equilíbrio e de harmonia, perguntando-se o que você sente que causa desconforto nesse espaço.

Isso parece estar em harmonia com o restante? O espaço expressa, de maneira equilibrada, você e as outras pessoas que compartilham dele? Escolha algo que precise ser mudado para promover a harmonia. Como você pode mudá-lo? Mude-o agora!

Ação de objetivo: Desenvolver Soluções em Que Ambas as Partes Saiam Ganhando

Quando trabalhamos na direção dos nossos objetivos, surgem situações em que o resultado depende da decisão e da ação de terceiros. Quando o ritmo do progresso parece ficar bloqueado por terceiros, podemos manifestar sentimentos desconfortáveis de impotência. Crie situações em que ambas as partes saiam ganhando para obter os resultados que desejar, adaptando soluções às necessidades que você perceber por trás das objeções e obstruções de outras pessoas.

A fase *Expressiva* nos dá as capacidades necessárias para entender as atitudes e necessidades de outras pessoas, para criar soluções em que ambas as partes saem ganhando, que motivarão a outra pessoa a agir da maneira que você deseja. No momento, quem está bloqueando ou atrasando o progresso para que você atinja seu objetivo? Qual poderia ser o motivo de sua ação ou inação? Pense em uma situação em que ambas as partes saiam ganhando e sugira-a à pessoa envolvida. Pergunte-lhe de que ela precisa, mas prepare-se para ser flexível ou mudar as expectativas.

Ação de aprimoramento profissional: Lidar com Bloqueios e Disputas

Este é o Período Ideal para lidar com disputas, impasses e negociações. Pode ser que você esteja tendo problemas com um colega, ou que o progresso em um projeto tenha parado, ou que esteja envolvida em negociações contratuais.

Aja como mediadora externa em disputas e em desentendimentos. Se você estiver pessoalmente envolvida na disputa, verifique as prioridades. Para encontrar uma solução de meio-termo, você terá de deixar de lado ou mudar algumas de suas necessidades.

Use suas capacidades do momento para reconhecer a desarmonia em equipes e em situações profissionais e apresentar soluções possíveis aos envolvidos.

Fase Expressiva
Dia 18

Período Ideal para: Persuasão e *Networking*

Você já se perguntou qual seria o melhor momento para pedir um aumento ou algo que realmente quer? O momento é agora! Além da confiança emocional e de boas habilidades de comunicação, a fase *Expressiva* também nos oferece percepção e paciência para obtermos o que desejamos por meio de uma suave persuasão.

Diferente da abordagem direta e impaciente da fase *Dinâmica*, quando ficamos mais propensas a dar ultimatos do tipo "ou vai ou racha", a abordagem da fase *Expressiva* pode consistir em uma estratégia sutil para convencer alguém do nosso ponto de vista. Podemos usar a percepção e a empatia ampliadas para personalizar a abordagem em relação à pessoa que buscamos persuadir ou plantar uma ideia ou iniciar uma campanha com alvo nessa pessoa para obter o que desejamos.

A alta sociabilidade durante essa fase também significa que podemos usar situações casuais para o nosso benefício.

Em qualquer fase, fazer *networking* pode ser algo intimidador para muitas mulheres, mas a confiança da fase *Expressiva* nos deixa mais dispostas a dar o primeiro passo. Converse com as pessoas – com qualquer uma e com todas elas. Entre em contato com clientes, fornecedores ou colegas de trabalho para ajudá-los a verem seus pontos positivos e quão você os apoia ou ajuda. Mesmo se a gestão de clientes ou de fornecedores não for o foco de seu trabalho, você pode tirar um tempo extra para contatá-los e agradecer a eles ou verificar se estão satisfeitos. Podemos também entrar em contato com os departamentos ou as pessoas que nos apoiam e lhes agradecer por suas contribuições. Isso parece uma campanha de marketing pessoal, mas, por se originar nas capacidades de acolhimento e afeto da fase *Expressiva*, é uma expressão genuína de quem realmente somos.

Ação de bem-estar: Ser Ativamente Sociável

Podemos usar esse Período Ideal de sociabilidade para ir além do ambiente normal e conversar com novas pessoas que encontrarmos.

Tente fazer algo que não faria normalmente; mude uma rotina, participe de aulas ou faça uma festa. Comprometa-se a se apresentar a novas pessoas em todas as oportunidades.

Este é o momento para apoiar as pessoas que a apoiam, então olhe sua lista de amigos e familiares e não deixe de entrar em contato com ao menos uma pessoa de quem você não tenha ouvido falar ou a quem não tenha visto recentemente. Você pode até convidá-la para a festa.

Ação de objetivo: Entrar em Contato com Quem Pode Proporcionar a Ajuda Desejada

Identifique três pessoas, organizações ou empresas que poderiam ajudá-la na realização de seu objetivo. Pense em uma estratégia para fazer o primeiro contato. Seria possível desenvolver o contato em estágios? A que forma de contato seria mais possível que eles respondessem? O que lhes despertaria o interesse? O que você lhes ofereceria que faria com que a ajudassem? Como você poderia se destacar? Dê o primeiro passo hoje em direção a esse contato.

Ação de aprimoramento profissional: Fazer *Networking*

Faça *networking* pedindo a colegas, clientes e empresas que a apresentem a pessoas que você precise conhecer. Entre em grupos de sua área ou em clubes de negócios, vá a conferências e eventos relacionados ao seu trabalho, leve cartões de visita para distribuir a todos que encontrar e converse com estranhos. Pergunte-se se há alguma coisa que precise no trabalho e se poderia obtê-la por meio de persuasão sutil. Você conseguiria plantar uma ideia para fazer com que alguém pense que a ideia é dela? Também pense sobre como poderia mudar a impressão que as pessoas têm do seu trabalho. Faça sua autocampanha na fase *Expressiva*!

Fase Expressiva
Dia 19

Período Ideal para: Apresentar Ideias e Vender Conceitos

A força emocional, a confiança e as capacidades comunicativas da fase *Expressiva* fazem dela o Período Ideal para apresentar ideias e vender de tudo, de conceitos e produtos a serviços e soluções. Não só por estarmos com a capacidade de expressar e articular bem conceitos, mas também por estarmos mais empáticas com as necessidades de nosso público, tornamo-nos mais capazes de adaptar as apresentações segundo essas necessidades.

Isso significa que temos mais capacidade de dar contribuições construtivas em reuniões, ensinar e servir de mentoras, fazer propostas e apresentações e trabalhar em *stands* de feiras e lojas. Maior receptividade às necessidades do público significa que conseguimos nos adaptar com facilidade para levar em conta novos parâmetros e pontos de vista, o que faz dessa fase o momento perfeito para trabalharmos em serviço aos clientes e em vendas e marketing.

Também é o Período Ideal para sugerir a membros da família novas ideias sobre mudanças na rotina, equilíbrio entre vida e trabalho e sobre suas necessidades e expectativas. O que quer que estivermos vendendo, quer seja uma ideia que afete nossa família, um ponto de vista em uma reunião ou um produto, na realidade estamos vendendo a nós mesmas ao mesmo tempo. A fase *Expressiva* nos permite justificar nossa opinião, nossas crenças e nossas atividades sem ficarmos agressivas ou defensivas, mesmo em ambientes intensamente negativos. Então, se decidirmos deixar o trabalho, fazer um mochilão pelo mundo, começar o próprio negócio ou mudar algo fundamental na vida, agora é o momento de revelar nossa ideia para qualquer um que possa ser afetado.

A fase *Expressiva* é um Período Ideal para entrevistas de emprego, redigir o currículo e contatar empresas a fim de falar sobre trabalho potencial. O otimismo natural sobre nós mesmas e nossas capacidades nos permitem passar uma boa impressão.

Ação de bem-estar: Obter Ajuda e Apoio

Todas nós temos ideias sobre o que os outros poderiam fazer para melhorar nossa qualidade de vida. Pode ser com mais ajuda e apoio, diminuindo as necessidades e expectativas que têm em relação a nós, sendo mais compreensivos ou fazendo mais coisas que nos fazem nos sentir bem.

Hoje, pegue uma ideia e pense em como poderia apresentá-la às pessoas envolvidas. Leve em conta os sentimentos e as necessidades delas e encontre um benefício positivo que poderiam obter com sua ideia. Você pode apresentar a ideia logo de cara ou precisa assumir uma abordagem mais sutil? Não se preocupe em ser rejeitada; com as capacidades da fase *Expressiva*, você estará paciente e flexível o bastante para convencer a todos.

Lembre-se de que precisa agir hoje, antes que comece a fase *Criativa*, ou você pode transformar isso em um projeto para a próxima fase *Expressiva*.

Ação de objetivo: Apresentar e Vender seu Sonho

Todos os objetivos começam com um sonho. Uma maneira de você ajudar seu objetivo a se manifestar é vendendo esse sonho e suas ideias de como atingi-lo a alguém que possa ajudar. Comece definindo o sonho inteiro em no máximo três frases. Isso pode ser difícil. Dependendo do quão confiante você se sentir, teste com um membro da família, um amigo ou um colega. Cada vez que apresentar a ideia, você desenvolverá um entendimento melhor sobre o que tem em mente e ficará mais capaz de apresentar isso de forma que tenha significado. Use perguntas de terceiros para ajudá-la a refinar sua proposta para apresentações futuras.

Ação de aprimoramento profissional: Vender suas Ideias

Que ideias você tem sobre seu trabalho e sobre o ambiente em que trabalha? Consegue ver como melhorar as coisas ou perceber oportunidades e soluções que os outros não veem? A maneira com que uma ideia é recebida depende, muitas vezes, do ambiente de trabalho. Você consegue compartilhar ideias em reuniões ou em um *e-mail* ou telefonema informal? O que a ajudaria a apresentar a ideia? São necessários diagramas, modelos ou citações de outras pessoas?

Quem é que precisa saber da ideia para lhe dar o reconhecimento que você merece por ela e agir sobre ela? Com o carisma natural da fase *Expressiva*, ninguém é inatingível.

Fase Expressiva
Dia 20

Período Ideal para: Preparar-se para a Fase Criativa

A fase *Criativa* é o pior período do mês para muitas mulheres e, às vezes, muito óbvio quando ela começa. Para outras mulheres, essa fase se desenvolve aos poucos, então pode ser difícil saber quando começar a fazer planos para a mudança de capacidades. Como com a fase *Dinâmica*, a fase *Criativa* é cheia de energia dinâmica, mas, dessa vez, ela fica menos lógica e racional e mais criativa, emocional, impulsiva e intuitiva.

A chegada dessa fase pode se manifestar na forma de mais determinação para fazer as coisas, incapacidade de deixar para lá ou de relaxar e níveis cada vez mais altos de intolerância e frustração. Também podemos ter pensamentos incontroláveis, um puxando o outro, o que pode ser negativo ou positivo para a criatividade, dependendo do pensamento original.

À medida que a fase *Criativa* progride, nosso nível de foco mental e paciência pode cair, gerando raiva e frustração quando não conseguimos encontrar as coisas ou ter a informação de que precisamos na hora. Para ajudar a prevenir isso, podemos usar o final da fase *Expressiva* para rever tarefas e projetos da semana a seguir e para localizar ou criar tudo o que vamos precisar com antecedência. Para isso, talvez tenhamos de pedir que outras pessoas nos deem informações com antecedência ou criar pilhas de documentos específicos para cada trabalho. Mantenha em mente a "regra dos 5 minutos":

> Qualquer coisa que você não conseguir encontrar
> em 5 minutos a incomodará bastante!

No ato de rever a semana a seguir, podemos comparar as tarefas com as capacidades dos Períodos Ideais para ver se podemos reagendar qualquer coisa para um momento melhor para nós. Lembre-se: tente evitar conflitos ou situações delicadas e diminuir as expectativas relacionadas aos níveis de concentração e resistência quanto mais perto estiver do final da fase. Se não puder reagendar reuniões ou remarcar prazos, prepare alguns sistemas de apoio, carregue um bloco de notas para anotar ideias quando elas aparecerem e se prepare para dizer às pessoas "retornarei para falar sobre isso", para ter mais tempo para pensar.

Identifique projetos criativos para ocupar o pensamento durante a fase *Criativa*. Não deixe passar esse período incrivelmente criativo, ótimo para trabalhar em ideias e objetivos e também para ter ideias inusitadas sobre soluções e projetos de trabalho. Por fim, organize as atividades físicas para aliviar o estresse reprimido e as frustrações quando estiverem no ponto mais alto.

Ação de bem-estar: Organizar a Próxima Semana

Pense sobre a próxima semana e sobre o que precisa ser feito. Tente usar os dias no início da fase para fazer o máximo possível de coisas com a consciência de que poderá ter menos energia física e mental no fim da fase.

Lembre-se também de que, à medida que a fase progredir, poderão ocorrer mudanças na resistência física, na necessidade de sono, nas necessidades nutricionais e emocionais. Pode ser que você tenha que mudar a rotina de exercícios para que combine com os altos e baixos de energia, mudar a dieta, dormir mais cedo e evitar algumas pessoas e assuntos delicados. Mantenha isso em mente quando estiver planejando a vida para a próxima semana.

Ação de objetivo: Identificar Áreas Que Precisam de Criatividade

A fase *Criativa* é o Período Ideal para ter ideias criativas e para se livrar do que é irrelevante ou inútil. Para manter a fase focada e sob controle, identifique quais áreas dentro de seus objetivos vão precisar de inspiração criativa – escrever um plano de negócios ou um anúncio, trabalhar em uma nova abordagem ou criar uma nova oportunidade, por exemplo.

Também procure áreas e abordagens que foram talvez improdutivas, para que possa usar o Período Ideal de "jogar fora" para mudar de direção.

Ação de aprimoramento profissional: Otimize seus Recursos

Siga a "regra dos 5 minutos" e prepare tudo de que você precisará para terminar trabalhos na próxima semana. Olhe as datas e identifique tudo que possa entrar em conflito com as capacidades da fase *Criativa*, como atividades em grupo, negociações, gestão de pessoas e projetos que precisem de pensamento lógico e estruturado. Se não for possível remarcar, invente maneiras de apoiar a si mesma durante essas atividades.

Também identifique áreas que precisem de pensamento criativo e ideias. Isso inclui solução de problemas, apresentar informações de maneira diferente ou simplesmente pensar em uma ideia e ver como fazê-la funcionar. Tome nota de projetos que não estejam indo bem e precisam passar por grande reorganização. Por fim, veja se há locais que precisam ficar mais organizados e menos atulhados.

Depois de tomar nota dessas coisas, você terá uma lista de projetos práticos e positivos para aliviar energias de frustração à medida que surgirem.

Resumo final da fase Expressiva

Para ajudá-la a analisar suas experiências durante a fase *Expressiva*, pode ser bom responder às seguintes perguntas.

1. Como foi a fase *Expressiva*? O que você sentiu em comparação com as fases *Dinâmica* e *Reflexiva*?

Emocionalmente	
Mentalmente	
Fisicamente	

2. Em que dias do plano sentiu que informações e ações condisseram com suas experiências pessoais?

3. Que capacidades você constatou que estavam aprimoradas ou mais fáceis nessa fase em comparação com a anterior?

4. Como aplicou na prática, este mês, as capacidades ampliadas?

5. O que planeja fazer com as capacidades da fase *Expressiva* no próximo mês?

6. Qual foi a coisa mais surpreendente, intrigante ou incrível que descobriu sobre si mesma nesta fase?

Personalizando o plano

Você pode personalizar o Plano Diário da Mulher Realizada para que ele se adeque ao seu ciclo único, escolhendo ações que estejam em harmonia com suas capacidades do Período Ideal e combinando-as em uma lista com as datas do ciclo. Pode repetir as mesmas ações em vários dias.

Preencha a tabela abaixo e veja se consegue planejar algumas tarefas para o próximo mês, de modo a empregar da melhor forma as capacidades ampliadas.

Fase Expressiva		
Meu Período Ideal para:		
Número do dia do ciclo	Ações para o Período Ideal	Tarefa para o próximo mês

Fase Criativa
Dia 21

Período Ideal para: Liberar a Criatividade

Bem-vinda à fase *Criativa*, a oportunidade de liberar energias criativas e pegar uma emocionante onda de inspiração e intuição.

Infelizmente, muitas mulheres ignoram essa explosão mensal de criatividade ou interpretam a tensão e a frustração produzidas pela necessidade insatisfeita de criar como sinal de que algo está errado – com elas mesmas ou com a vida.

Quantas de nós se descreveriam como "criativas"? Não muitas, mas só porque nossa definição de "criatividade" é limitada.

O ciclo menstrual em si é um ciclo de diferentes formas de criatividade: ficamos com a criatividade mental da fase *Dinâmica*, com a capacidade de criar relacionamentos e a compreensão da fase *Expressiva* e a capacidade de criar novos caminhos e novas direções para a vida na fase *Reflexiva*.

Na fase *Criativa*, ficamos com uma criatividade mais reconhecível – a capacidade e a necessidade de criar algo no mundo físico, por exemplo, criar um novo *look* para nós mesmas. Se fizemos uma mudança completa de guarda-roupas ou de corte de cabelo, é muito possível que tenha sido na fase *Criativa*.

Essa fase é o Período Ideal para aplicar as energias criativas em todas as áreas da vida e usufruir do processo. Podemos experimentar novas atividades só para nos divertir e para possivelmente descobrir novos talentos que nunca soubemos que tínhamos.

Apesar de podermos aplicar a criatividade em muitos projetos diferentes, a fase *Criativa* não trata muito do **produto**, mas mais de **se envolver** com atividades que permitam que as energias criativas fluam. Não importa que o resultado da criatividade não seja perfeito, ou que não tenha uso prático ou comercial, ou que termine no lixo. Quando começamos a liberar a criatividade, descobrimos que ela responde fluindo livremente, fazendo surgir sentimentos de calma, embasamento e contentamento que as pessoas não costumam relacionar com a fase pré-menstrual.

Ação de bem-estar: Fazer Pausas Criativas de 2 Minutos

É possível diminuir os sentimentos de frustração e tensão dessa fase liberando as energias criativas de forma rápida e simples em períodos curtos durante o dia. Escolha uma atividade criativa para os próximos dias que você consiga fazer facilmente em pausas de 2 minutos. Pode ser desenhar, colorir, inventar uma música, escrever um poema ou uma história ou tricotar. Em um ambiente corporativo movimentado e de alta pressão, pode ser esquisito que uma CEO tire agulhas de tricô da gaveta para fazer uma pausa criativa de 2 minutos. Experimente e veja o que acontece com os sentimentos de bem-estar durante essa fase.

Ação de objetivo: Criar Algo Fisicamente Tangível

Identifique áreas em que possa usar a criatividade para fazer algo físico. Você poderia desenhar um fluxograma ou um mapa mental para demonstrar como objetivos e tarefas se inter-relacionam. Se o objetivo envolve um novo negócio, experimente esboçar um logotipo ou, se envolver um produto, tente desenhar a embalagem ou um panfleto. Escreva suas ideias; torne-as físicas e não as deixe no mero campo dos pensamentos. Encontre imagens do seu objetivo e das coisas que busca atingir e cole-as em uma cartolina – tesoura e cola são ferramentas criativas.

Ação de aprimoramento profissional: Aplique o Brilho Criativo

Este é o Período Ideal para qualquer aspecto de seu trabalho que precise de contribuições criativas. Por que não usar esse tempo para criar apresentações, modelos e novos produtos ou para escrever criativamente?

Aplique suas habilidades de *design* em documentos ou no material de marketing, no currículo, na decoração do escritório ou até mesmo nas roupas de trabalho.

Nesse período, a criatividade pode ser bastante intuitiva, então confie em suas escolhas. Pode ser que você não saiba na hora por que algo funciona, mas depois poderá vir a descobrir que o subconsciente lhe fornece os porquês.

Lembre-se de que, nessa fase, a criatividade pode ficar muito concentrada, buscando a perfeição, e se desapegar das coisas pode ser muito difícil caso se sinta infeliz com os resultados de seu trabalho. Quando perceber que não está alcançando bons resultados criativos com rapidez e facilidade, é sinal de que o Período Ideal para esse tipo de criatividade está passando.

Fase Criativa
Dia 22

Período Ideal para: Semear o Subconsciente

É normal termos avalanches de pensamento durante essa fase, mas podemos nos beneficiar da capacidade criativa "semeando o subconsciente".

Esse bombardeio de pensamentos pode, às vezes, parecer esmagador e fora de controle, principalmente quando o pensamento-semente que o ativa for negativo. Se dermos um passo atrás e virmos esse processo como uma capacidade criativa maravilhosa que nos permite acessar o processamento profundo do subconsciente, poderemos usar essa capacidade de maneira prática para ponderar ideias, solucionar problemas e fazer associações inusitadas. Poderemos controlar a direção da criatividade subconsciente com questões para novas ideias, soluções e informações.

Podemos imaginar o processo de "semear" como a mente consciente digitando uma pergunta no "computador" mais profundo do cérebro. Então aparece o símbolo de uma ampulheta em nossa tela mental enquanto a pergunta está sendo processada.

Depois de um tempo, o computador do cérebro responderá à pergunta com *insights*, informações, conexões, ideias, soluções, imagens, palavras, impulsos ou conhecimento interior. Esse será o momento surpresa.

Trabalhar ativamente com essa capacidade é divertido e muito empolgante. Ideias e pensamentos podem voltar do processamento a qualquer momento e muito raramente ficam "na tela" por muito tempo, o que significa que temos de registrar a ideia de alguma maneira quando ela aparece. Um bom hábito é carregar um bloco de anotações no bolso ou na bolsa. Muitas vezes, o processo de escrever ativa mais conexões, mais ideias e mais inspirações.

> O subconsciente adora um público interativo!

Ação de bem-estar: Fazer Pesquisas Mentais

Escolha um problema que queira resolver e peça ideias e soluções ao computador do cérebro. Agora encontre algo que não precise de muita energia mental para fazer, como lavar a louça ou dar uma volta no quarteirão. Concentre-se na ação e permita que o cérebro faça o processamento. O subconsciente responderá mandando-lhe pensamentos sobre o problema. Siga o fluxo de pensamentos à medida que surgirem e veja o que acontece.

No início da fase *Criativa*, esse processo será criativo e positivo. No entanto, se você vir que o ato de "semear" inicia uma cascata de pensamentos negativos sobre você mesma, deixe essa atividade para o próximo Período Ideal – a fase *Reflexiva*.

Ação de objetivo: Buscar Coincidências e *Feedback* do Mundo

Escolha um assunto. Escolha algo de que você precise de inspiração ou de mais informações, ou que a encha de entusiasmo. Não precisa ser algo relacionado a seus objetivos. Deixe o subconsciente processar o assunto pelos próximos dias e busque ativamente perceber o *feedback* e as coincidências no mundo à sua volta. Uma vez que o subconsciente sabe que você está esperando uma resposta ativamente, vai interagir com você de bom grado! Pode até ser que ele faça associações entre objetivos e assuntos não relacionados. As ideias podem vir a qualquer momento e vão embora depressa, então anote-as mesmo se tiver certeza de que vai se lembrar delas.

Ação profissional: Fazer *Brainstorming*

O que no trabalho precisa de um pouco de *brainstorming* ou pensamentos inusitados? Há algum problema ou uma área que precise de uma injeção de novas ideias, de uma nova abordagem ou de uma maneira diferente de fazer as coisas? Se nada lhe vier à mente, use deliberadamente esse momento para semear a consciência com a pergunta: "Como posso usar as capacidades desse Período Ideal?". Hoje, e pelos próximos dias, dê ao computador da mente um tempo para processar esses problemas ou essas áreas. Tente ficar olhando pela janela do trem, pare enquanto estiver na máquina de café ou saia para dar uma volta no horário de almoço. Pode até tirar os fones de ouvido enquanto estiver na academia e usar o tédio para ajudá-la a processar essas coisas.

Fase Criativa
Dia 23

Período Ideal para: Realizar Pequenas Tarefas

A fase *Criativa* une o foco ativo da fase *Dinâmica* com as emoções da fase *Expressiva*. Mas, com a resistência física em declínio e, às vezes, sensibilidade emocional extrema, em geral esse parece ser um período de pouco controle emocional e baixa autoestima. Facilmente perdemos contato com os sentimentos de estarmos com os pés no chão, de sucesso e realização, de amor e poder pessoal.

A chave para equilibrar essa fase é fazer coisas pequenas e simples para cuidar de nós mesmas e manter os pés no chão. Precisamos praticar atividades que nos auxiliem a nos desprender de todos os pensamentos negativos sobre nós mesmas, a nos focar no interior para nos proteger de períodos de empatia extrema que nos ajudem a criar sentimentos positivos de realização e crescimento pessoal.

Podemos desenvolver, com antecedência, uma lista de coisas a fazer nessa fase, buscando atividades pequenas ou pegando uma atividade maior e dividindo-a em passos simples. Para gerar o sentimento de estarmos centradas, de sucesso e de empoderamento, precisamos escolher pequenos trabalhos que não tomem muito tempo e não envolvam muitas contribuições de terceiros (podemos nos frustrar nessa fase se as pessoas não fizerem o que queremos na hora em que queremos). Especialmente qualquer coisa que gere ordem pode ser bastante satisfatória e pode gerar uma noção de realização e valor próprio. Se pegarmos uma tarefa simples de cada vez e dedicarmos a ela toda a atenção, podemos nos absorver na atividade, o que gera alívio pacífico, sem pensamentos negativos, e proteção contra os estímulos emocionais externos. Ao terminar a tarefa, há o benefício adicional de sentirmos satisfação e poder pessoal.

A beleza dessa fase é que pegamos a capacidade natural de nos concentrar em uma só tarefa e de nos recolhermos em nós mesmas e a usamos positivamente para focar e completar trabalhos que normalmente nos pareceriam monótonos e desinteressantes.

Ação de bem-estar: Cultivar-se

Cultive sentimentos de valor próprio e de realização com trabalhos pequenos e simples que possam ser finalizados com facilidade, como organizar uma gaveta ou um armário de cozinha, ou passe o início da noite relaxando em um banho de espuma com velas, música suave e chocolate!

Que atividades simples a fariam se sentir acolhida e centrada hoje? Para proteger a sensibilidade emocional, é preciso desligar o noticiário e evitar escutar os problemas das outras pessoas? Está precisando de um tempo para si mesma ou de um pouco de luxo na vida? Em qual atividade poderia concentrar toda a atenção e, como resultado, sentir o próprio valor?

Ação de objetivo: Dar Pequenos Passos

Perder a noção de sucesso e de valor próprio pode causar efeito negativo no progresso em direção aos nossos objetivos. É muito importante sabermos que quaisquer sentimentos de sobrecarga ou inadequação durante essa fase passarão. Os pensamentos negativos que temos sobre nossos objetivos e sobre nossas atividades são apenas pensamentos, e nossa percepção muda à medida que muda a fase. Essa não é a fase para fazermos grandes mudanças de objetivos, por isso precisamos manter o pensamento focado nos pequenos detalhes e não na visão geral. Pegue a lista de tarefas de seus objetivos e divida uma tarefa nos menores passos que a constituem. Um passo pode ser algo tão simples quanto "comprar um selo". Concentre-se em fazer essas tarefas pequenas uma de cada vez e ignore todo o restante. Ao terminar cada tarefa, você sentirá o sucesso de dar um passo adiante. Lembre-se de que vai verificar na fase *Reflexiva* se está indo na direção correta, então não se preocupe com isso agora.

Ação de aprimoramento profissional: Fazer Tarefas Pequenas

Quais tarefas pequenas ou chatas você vem deixando para depois? Falta arquivar algo? Arrumar caixas, papéis para organizar, sala para ajeitar ou, talvez, tirar cópias ou alguma outra tarefa monótona?

Não faça uma lista de afazeres, pois isso geraria pressão para terminar tudo e poderia aumentar o sentimento sobrecarga com as tarefas. No entanto, assim que terminar uma tarefa pequena, olhe ao redor e veja se não há mais nada que você possa fazer, ou volte aos projetos do Dia 20.

Fase Criativa
Dia 24

Período Ideal para: Preparar-se para a Fase Reflexiva

O "dia de preparação para a próxima fase" vem mais cedo na fase *Criativa* que nas outras, pois é possível que não tenhamos energia mental e física de sobra para fazer isso mais tarde na semana. À medida que entramos na fase *Reflexiva*, podemos dar início a um momento de desapego, calma interior e introspecção. É uma fase de rejuvenescimento e restauração e em que as energias emocionais, mentais e físicas se retiram em hibernação.

Se combatermos essa nova fase na expectativa de continuar operando normalmente, estaremos combatendo o corpo e perderemos a oportunidade de aproveitar um Período Ideal de poderosas capacidades transformadoras.

A fase *Reflexiva* é o Período Ideal para rever como nos sentimos em relação a nós mesmas, sobre quem queremos ser e para onde desejamos ir. É o momento de assumir novos compromissos e começar a buscar novas direções.

Não podemos alcançar o nível de consciência que a fase *Reflexiva* oferece se estivermos indo de um lado para o outro cumprindo prazos, responsabilidades e expectativas; então, precisamos delegar, renunciar à perfeição e ao controle e pedir a outras pessoas que se comprometam com mais coisas por alguns dias.

Para nos beneficiar desse Período Ideal, precisamos abrir espaço para pensar, sentir e simplesmente "ser". Podemos fazer isso olhando adiante nossa agenda e lista de tarefas, responsabilidades e horários, priorizando atividades para assegurar que teremos mais tempo para relaxar ao menos entre os dias 1 e 4 da fase. Ajuda a lembrar que teremos mais energia física e mental na fase *Dinâmica* para colocar as coisas em dia.

Ação de bem-estar: Criar Tempo Livre

Peça aos outros, com antecedência, que assumam algumas de suas atividades, responsabilidades e tarefas do dia 1 ao dia 4 da fase. Ao informar-lhes agora, estamos lhes dando tempo para ajustarem horários e expectativas sobre o que você fará. Também veja se pode evitar eventos sociais, cronogramas rígidos ou situações desafiadoras, para que possa ter mais tempo sozinha para se cuidar.

Ação de objetivo: Priorizar Tarefas

A fase *Reflexiva* é muito importante para nos ajudar a rever objetivos e nosso progresso na direção deles. Deixar de reservar um tempo de silêncio para refletir durante essa fase significa que estaremos perdendo uma oportunidade muito poderosa de saber o que é certo para nós e de ou nos comprometermos com uma nova direção ou reafirmarmos a direção em que já estávamos. Dê uma olhada na lista de tarefas e nos cronogramas e estabeleça prioridades. Saber que sofreremos redução de energia mental e física na próxima semana nos dá a oportunidade de direcionar a energia que temos agora para as ações de mais alta prioridade. Adiantando o cronograma, podemos reservar tempo para relaxar, um tempo do qual precisaremos para o processo de revisão da fase *Reflexiva*.

Ação de aprimoramento profissional: Criar Soluções para Cada Dia

Os últimos dias da fase *Criativa* e os primeiros da fase *Reflexiva* podem ser um verdadeiro martírio quando estamos com pouca energia física e mental para lidar com os prazos que vão se acumulando.

Se você se forçar a prosseguir nesse período, perderá a oportunidade de introspecção que essa fase traz. Use o dia de hoje para rever o cronograma dos próximos oito dias. Quando possível, deixe os primeiros dois dias de menstruação tão livres quanto possível de pressão e exigências físicas. Se não der, concentre-se em deixar um ou dois dos outros dias da fase *Reflexiva* menos agitados. Quanto maior for a antecedência ao alterar a data de um encontro, de um horário, de um prazo ou de alguma expectativa, maior será a probabilidade de que as pessoas reajam positivamente a essa mudança.

Aplique as capacidades da fase *Criativa* aos problemas do cronograma perguntando-se como poderia atingir o resultado que deseja sem se envolver pessoalmente e veja quais soluções surgem.

Fase Criativa
Dia 25

Período Ideal para: Desacelerar

Quando foi a última vez que você desacelerou? A cultura moderna nos faz ficar em movimento o tempo todo: temos de estar disponíveis 24 horas por dia, 7 dias por semana, e tudo leva à mesma prioridade alta, para ser realizado de imediato. Se não mantivermos o ritmo, poderemos nos sentir culpadas ou amedrontadas por estarmos ficando para trás, com a sensação de que poderemos perder o emprego ou de fracasso pessoal.

Muitas vezes, "fazer" e "realizar" são mais prioritárias que "ser" que acabamos nos definindo apenas por aquilo que fazemos e pelos sucessos que alcançamos. Limitamo-nos a buscar somente o aspecto da fase *Dinâmica*, correndo o risco de deixar de aproveitar as vantagens de nossas profundezas interiores. Isso gera estresse porque não podemos manter naturalmente esse nível de motivação e energia física e mental. Quando finalmente paramos ou desaceleramos, ou quando um projeto acaba, podemos nos sentir perdidas e desconfortáveis, incapazes de simplesmente ser quem somos, porque, na verdade, não manifestamos quem realmente somos!

Aceitar esse Período Ideal nos força a priorizar as ações e nossa energia, a termos determinação ao fazer nosso cronograma, a definir limites sobre o que faremos e a valorizar mais "ser quem somos" que atividades e realizações. Fazendo isso, ainda podemos operar de forma produtiva no mundo, mas o fazemos sob uma perspectiva de calma interior e desapego. O efeito de desacelerar é que projetos e tarefas mentais que normalmente levariam 5 minutos podem levar uma tarde toda, e entender ou aprender novas estruturas e conceitos pode parecer uma tarefa impossível. As atividades físicas normais podem se tornar esgotantes; a ida ao trabalho, buscar as crianças na escola e a compra semanal, todas essas coisas podem parecer esmagadoras.

É preciso bastante coragem para aceitar esse aspecto do nosso ciclo, e a aceitação pode envolver extrema reorganização para nos permitir desacelerar. As recompensas, no entanto, são afastamento da via rápida, diminuição de estresse, visão mais equilibrada do que é ou não importante, inspiração criativa, calma e aceitação interiores, além de capacidade de voltar à pista de velocidade com entusiasmo, força pessoal e determinação renovadas. Em longas jornadas, todos precisam fazer uma pausa de vez em quando.

Ação de bem-estar: Permitir Que o Corpo Desacelere

Desacelere! O corpo e a mente precisam disso. Nos próximos dias do ciclo, comece a desacelerar. Tente reservar 10 minutos a mais para dormir ou relaxar e, quando for andar, caminhe em vez de correr.

Tire sonecas durante o dia. O ciclo de concentração do corpo dura 90 minutos, então dar um tempo de 10 minutos pode ajudá-la a restaurar as energias.

Ação de objetivo: Ser Realista

Você vai se sentir frustrada e estressada se esperar muito de si mesma nos próximos dias. Seja realista sobre o que pode alcançar e não se critique se não puder manter o alto nível normal de atividade. Pode ser que suas capacidades mentais estejam reduzidas, o que torna algumas tarefas mais difíceis e, portanto, frustrantes. É bom manter-se consciente de suas capacidades e ser realista, além de lembrar a si mesma de que há outros talentos e capacidades que você pode usar.

Ação de aprimoramento profissional: Destinar Mais Tempo às Tarefas

Reserve mais tempo do que reservaria normalmente para as tarefas de hoje. Pode ser que você esteja pensando mais devagar e esteja mais lenta fisicamente, então as tarefas levarão mais tempo. Se não for possível evitar um dia agitado e cheio de exigências, tente equilibrá-lo com mais relaxamento durante a tarde ou ao longo do dia seguinte. Se você trabalha como autônoma e cobra por hora pelo trabalho, terá de levar isso em consideração. Lembre-se de que poderá fazer mais coisas durante a fase *Dinâmica*.

Só hoje, tente apreciar a desaceleração. Observe as outras pessoas correndo de um lado para o outro inquietas e estressadas e aprecie o fato de que não há necessidade de perder a sensação de calma interior, pois você determinou suas prioridades profissionais e destinou mais tempo aos cronogramas.

Fase Criativa
Dia 26

Período Ideal para: Colocar a Casa em Ordem

Durante a fase *Criativa*, podemos manifestar sentimentos explosivos, frustração, intolerância e contenção de energia física. Quanto mais tentamos reprimir ou restringir esses sentimentos, mais eles tendem a explodir inesperadamente. A menor coisinha pode estimular uma explosão de emoções e sentimentos fora de proporção.

Esses sentimentos e impulsos não são negativos; indicam necessidade de mudança e tornam-se uma força poderosa e positiva para a transformação quando concentrados na direção certa. Se não aplicarmos essas energias e não lhes dermos a oportunidade de fluir, podemos ficar à mercê de forças esmagadoras incontroláveis. Muitas mulheres liberam instintivamente os sentimentos da fase *Criativa* de forma segura, em uma faxina frenética. O desejo subjacente dessa fase é de "criar", e intolerância e frustração são sentimentos que naturalmente nos livram do que está estagnado e do que é supérfluo para abrir espaço para que algo novo se desenvolva.

Isso faz dessa fase o Período Ideal para observar o ambiente, os projetos, objetivos e trabalhos, e nos livrar daquilo que não precisamos mais e dos aspectos que não mais funcionam ou são improdutivos. É a oportunidade de nos podarmos para permitir um novo crescimento.

Quando aproveitamos a oportunidade da fase *Criativa* de liberar sentimentos e emoções de forma construtiva, também temos a vantagem de levar uma carga emocional menor para o próximo mês.

Ação de bem-estar: Organizar-se Emocionalmente

Observe o ambiente onde vive e escute seus sentimentos. O que parece incômodo, bagunçado, sujo ou está precisando de uma boa limpeza? Esse é o momento para começar a limpar e organizar.

Deixe que os sentimentos de frustração, tensão física, intolerância e estresse fluam enquanto faz a limpeza. Esses sentimentos podem ser associados a acontecimentos, ações e relacionamentos passados e gerar ideias e conversas mentais. A necessidade de limpar e organizar externamente tem origem em uma forte necessidade interior de alívio emocional e autoaceitação, perdão e desapego.

Mantenha o foco na limpeza e deixe que as emoções venham e vão. Pode ser difícil lhes dar liberdade, mas essa é uma bela e poderosa oportunidade de aceitar o eu do passado, perdoar e amar a si mesma. Pergunte-se se gostaria mesmo de levar essa carga emocional para outro mês.

Ação de objetivo: Concentrar a Energia

Este é o Período Ideal para se livrar de abordagens e planos de ação que não funcionam para você.

O que não funciona desde o mês passado? Reveja a lista de ações feita na fase *Dinâmica* e pergunte-se quais ações ainda são importantes o bastante para serem feitas. Que objetivos não foram atingidos e que abordagens não estão funcionando que precisam de transformação?

Concentre sua energia no que é importante. Quais tarefas quer levar para o próximo mês? O que deixará para trás? Faça uma nova lista para ser revista durante a fase *Reflexiva*.

Ação de aprimoramento profissional: Organizar as Coisas

Observe o ambiente de trabalho e veja quais áreas precisam de mais organização ou limpeza. O que precisa ser resolvido? Agora é o momento para tomar providências em relação a isso!

Aviso!

Nesta fase há tendência de se deixar levar pela faxina frenética e jogar fora coisas que ainda podem ser úteis. Para ficar segura, guarde algumas coisas que podem ser úteis no futuro, de preferência fora do campo de visão. Retorne a essas coisas na fase *Dinâmica*, em que você verá com mais clareza se vai precisar delas ou não.

Esse também é um bom momento para identificar e organizar aspectos de projetos que não são mais produtivos ou eficazes. Use as capacidades da fase *Criativa* para identificar e se livrar de projetos que estão parados, assim como para semear o subconsciente para ter novas ideias daqui para a frente. Não comece nada novo ainda nem conserte nada por enquanto; você fará isso na fase *Dinâmica*. Por ora, apenas reconheça o que for útil ou importante e se livre do que não for.

Fase Criativa
Dia 27

Período Ideal para: Dar Ouvidos às Necessidades Interiores

Para muitas mulheres, a fase *Criativa*, com suas intensas alterações de humor, pensamentos fora de controle e autocrítica, pode ser muito difícil, e em geral desejamos que os hormônios mudem para voltarmos ao "normal". Todavia, se nos concentrarmos somente em desejar que essa fase termine, acabaremos perdendo as importantes mensagens que ela nos dá sobre nossos sentimentos e necessidades mais íntimos.

Pensamentos negativos e de autocrítica são mensageiros. Eles nos mostram quão pouco conhecemos a nós mesmas, nossa falta de amor e de empoderamento, originadas da negação ou do fato de termos nos desviado de nossas verdadeiras necessidades durante as três semanas anteriores. Ao reagirmos a esses pensamentos de ataque, podemos tentar neutralizá-los comendo e bebendo, ignorá-los "consertando" as circunstâncias e a nós mesmas ou acabar acreditando neles por completo, o que gera depressão e ódio por nós mesmas.

Os sentimentos negativos são a resposta por acreditarmos em pensamentos críticos sobre nós mesmas. Quanto mais dolorosa a emoção, mais doloroso o pensamento em que acreditamos. É a noção de empoderamento pessoal que cria força interior e integridade, e as perturbações da fase *Criativa* nos dizem que perdemos contato com quem somos.

Quando deixamos de acreditar nas mentiras em que pensamos e buscamos ouvir a verdade que está por trás delas, podemos reconstruir a noção de nós mesmas, focando-nos em nossas necessidades interiores e satisfazendo-as. Com melhor noção de quem somos, os pensamentos críticos ficam menos poderosos, e isso libera as energias e as capacidades da fase *Criativa* para coisas muito mais positivas.

Ação de bem-estar: Dar Ouvidos às Suas Necessidades

Reserve um minuto de tempo para se concentrar em si mesma e se perguntar: "O que preciso fazer agora para satisfazer às minhas necessidades de amor-próprio?". Use um minuto inteiro. A resposta pode ser algo bastante simples. O que quer que seja, comprometa-se a fazer, pois isso a ajudará a melhorar a noção de si mesma. Você estará legitimando e satisfazendo às suas verdadeiras necessidades.

Reserve tantos minutos quanto forem necessários. Para ajudar a impedir que a fase *Criativa* do próximo mês seja emocionalmente turbulenta, pode ser bom praticar essa técnica ao menos uma vez por dia durante o próximo mês.

Ação de objetivo: Concentrar-se nas Necessidades Subjacentes

Não aja com base em pensamentos negativos sobre si mesma e sobre seu objetivo! Isso significa: **não crie múltiplos novos objetivos** e não aja na direção deles por acreditar que se sentirá mais feliz quando atingi-los. Se esses novos objetivos estiverem de fato em harmonia com suas verdadeiras necessidades, serão confirmados durante a revisão da fase *Reflexiva* e você poderá agir positivamente durante a fase *Dinâmica*. Em vez de se concentrar neles, concentre-se em reconhecer e compreender as mensagens por trás dos pensamentos de crítica.

Ação de aprimoramento profissional: Não Levar Nada para o Lado Pessoal

Não leve nada para o lado pessoal! Nada que os colegas digam sobre seu trabalho é pessoal; em vez disso, são declarações dos sentimentos e necessidades deles. As coisas que você diz a si mesma sobre o trabalho também não são verdadeiras; são apenas reflexo de como você está se sentindo e **de suas necessidades não satisfeitas**. Assim que mudarem seus hormônios, sua opinião sobre o trabalho mudará. Desse modo, nada é certo ou "verdadeiro".

Lembre-se de que as emoções da fase *Criativa* não são "ruins" e de que você não é "ruim" por senti-las. Elas são apenas mensagens poderosas que a ajudam a recriar harmonia e empoderamento pessoal.

Resumo final da Fase Criativa

Para ajudá-la a analisar suas experiências durante a fase *Criativa*, pode ser bom responder às seguintes perguntas.

1. Como foi sua fase *Criativa*? Em comparação com a fase *Expressiva*, como você se sentiu?

Emocionalmente	
Mentalmente	
Fisicamente	

2. Em que dias do plano você sentiu que as informações e ações condisseram com suas experiências pessoais?

3. Que capacidades constata que estavam aprimoradas ou mais fáceis nesta fase em comparação com a anterior?

4. Como aplicou na prática as capacidades ampliadas este mês?

5. O que planeja fazer com as capacidades da fase *Criativa* no próximo mês?

6. Qual foi a coisa mais surpreendente, intrigante ou incrível que descobriu sobre si mesma nesta fase?

Personalizando o plano

Você pode personalizar o Plano Diário da Mulher Realizada para que ele se adeque ao seu ciclo único, escolhendo ações que estejam em harmonia com suas capacidades do Período Ideal e combinando-as em uma lista com as datas do ciclo. Pode repetir as mesmas ações em vários dias.

Preencha a tabela abaixo e veja se consegue planejar algumas tarefas para o próximo mês, de modo a empregar da melhor forma as capacidades ampliadas.

Fase Criativa		
Meu Período Ideal para:		
Número do dia do ciclo	Ações para o Período Ideal	Tarefa para o próximo mês

Fase Reflexiva
Dia 1

Período Ideal para: Meditar e Existir

Bem-vinda à fase *Reflexiva*. Este é o primeiro dia da menstruação, convencionalmente chamado de dia 1 do ciclo menstrual. É a maré mais baixa do nosso fluxo de energia.

Esta fase nos oferece a oportunidade de dar um tempo do poder motivador da mente e de nossa personalidade, e é um período em que o corpo descansa e se restaura.

Temos um Período Ideal único de calma e paz, desapego, passividade e uma chance de nos relacionarmos conosco mesmas e com o mundo em nível mais profundo.

O primeiro dia da menstruação costuma vir com experiências e emoções mistas: pode vir com dor e outros sintomas desconfortáveis, gratidão pela mudança hormonal que nos resgata do tumulto da fase *Criativa* e talvez tristeza ou alívio pela ausência da concepção. Para algumas mulheres, o início da fase *Reflexiva* pode ocorrer alguns dias antes ou depois do início da menstruação.

Com a mudança para a fase *Reflexiva*, podemos ficar com mais clareza mental e processos de pensamento mais estruturados, o que gera a tendência de pensarmos que tudo acabou e nos faz esperar voltar à vida "normal". No entanto, se nos recusarmos esse tempo de hibernação física, mental e emocional, entraremos em conflito com os sentimentos naturais dessa fase de contentamento e bem-estar.

A fase *Reflexiva* vem com a diminuição na energia física, emoções mais profundas e estado natural de meditação. Precisamos aceitar essa fase e deixar as expectativas de "normalidade" para aproveitar a capacidade de meditação, reflexão, comprometimento e profundo conhecimento que esse Período Ideal gera em nossa vida.

Ação de bem-estar: Meditação

Nessa fase, adquirimos a capacidade natural de meditar. Se você teve dificuldade de meditar no passado ou quiser experimentar a meditação pela primeira vez, esse é o Período Ideal para praticar. Escolha um método que lhe chame a atenção ou simplesmente olhe pela janela, sente-se em um parque ou em um jardim, observe um rio ou relaxe na cama ou no sofá.

Aceite que recebeu a oportunidade de manifestar a noção de vida e a conexão mais profunda que removem o lixo mental e lhe permite sentir o que realmente importa na vida. Você se sentirá melhor e mais calma se aproveitar esse período e não combatê-lo.

Ação de objetivo: Deixar para Lá

Deixe para lá todos os pensamentos sobre objetivos, tarefas e planos de ação. Simplesmente não faça nada.

Esqueça tudo o que diz respeito a atingir objetivos. Em vez disso, concentre-se nas pequenas coisas da vida, como desfrutar do lanche, a sensação da luz do sol, os sons do trânsito e as cores ao redor. Essas pequenas férias lhe darão espaço para perceber que há mais coisas na vida que realizações futuras. Você tem a oportunidade de sentir como é bom estar viva e fazer parte de algo muito maior que seus sonhos.

Ação de aprimoramento profissional: Trabalhar com Suas Energias

Com sorte, você pôde planejar o dia de hoje e os próximos dois dias com antecedência para torná-los menos agitados que o normal. No trabalho, pode ser que haja a tendência de resistir a essa fase de hibernação, mas expectativas irreais levam apenas a sentimentos de estresse e frustração. Seja realista sobre quanto você pode fazer e concentre-se em uma coisa de cada vez, já que sua capacidade de operar multitarefas pode estar limitada. No dia, repare quando perder energia, para que possa aproveitar ao máximo os momentos em que se sentir mais alerta.

Se os dias forem agitados, deixe os finais de tarde livres para relaxar e deixar o corpo restaurar as energias.

Fase Reflexiva
Dia 2

Período Ideal para: Comunicar-se com Seu Eu Autêntico

A fase *Reflexiva* é o Período Ideal para deixar as coisas para lá e deixar de lado a necessidade de fazer mudanças imediatas.

Diferente da fase *Criativa*, onde tentamos construir a nós mesmas e nosso caminho, em uma busca externa, a fase *Reflexiva* nos orienta para dentro, para a consciência e a sabedoria por trás de nossos desejos e pensamentos cotidianos, para nosso eu autêntico ou central. Essa fase nos dá a oportunidade única de nos comunicar conosco mesmas, de sentir que somos reais e de descobrir onde fica o caminho para a felicidade.

Na maior parte do tempo, vivemos com máscaras. Por exemplo, no trabalho, podemos ter uma máscara profissional; com os amigos, outra máscara; com o parceiro e a família, ainda outra. Cada máscara é um conjunto de pensamentos que temos sobre quem somos, sobre o que podemos fazer e sobre que tipo de comportamento é adequado. Apesar de as máscaras serem úteis para os diversos papéis que precisamos desempenhar, podemos perder contato com a verdadeira pessoa por trás de todas elas. Às vezes, é o caso de solicitar à verdadeira pessoa: "Por favor, levante-se".

A cada mês, a fase *Reflexiva* nos dá a oportunidade de voltar ao nosso eu verdadeiro por trás de todas as expectativas e as das outras pessoas. Para algumas mulheres, essa experiência é bem difícil, principalmente se a noção de quem são for construída sobre realizações, sucesso, rótulos profissionais ou sociais, por exemplo, ser "mãe". Retirar as máscaras e descobrir o vazio são algo assustador, mas que nos permite perguntar: "O que há na vida que possa começar a preencher esse espaço?". Experimentando ideias diferentes, podemos nos conectar com as coisas que geram sentimentos de integridade e bem-estar. Às vezes, isso significa que precisamos voltar à nossa imagem passada ou a atividades que costumávamos praticar. Isso não é retroceder, mas um ato de reconhecimento de quão longe nos afastamos do nosso eu autêntico, e um empenho para colocar a vida novamente nos trilhos.

Ação de bem-estar: Largar os Fardos

Pode ser que alguns acontecimentos do mês tenham gerado carga emocional desconfortável. Comunicar-se com seu eu autêntico nesse momento lhe dá a oportunidade de deixar essa carga de lado e criar uma nova imagem de si mesma para o mês seguinte.

Reserve tempo hoje para apenas relaxar e sentir o bem-estar, a autoaceitação e a conexão que alicerçam naturalmente a fase *Reflexiva*. Enquanto estiver concentrada nesses sentimentos, reveja suas emoções e os eventos que as originaram. Pergunte-se: "Essa emoção realmente me incomoda?", "Essa reação/acontecimento do passado realmente me incomoda?" e "Realmente preciso levar essa reação para o próximo mês?". A atitude natural de "tanto faz" neste momento a ajudará a depor seus fardos emocionais.

Ação de objetivo: Redescobrir a Satisfação

Pergunte-se: "O que me faria sentir satisfação e integridade?", "O que perdi que sinto que deveria recuperar?" e "O que é importante para mim?".

Não tente analisar as perguntas ou a si mesma; apenas relaxe e deixe-se guiar pelos sentimentos. Às vezes, a resposta parece assustadora, mas, quando os sentimentos por trás de uma mudança são positivos e fortes, eles lhe dão força e determinação para fazer a mudança.

Nos próximos dias, imagine cenários com as respostas a essas perguntas e as ações que as respostas acarretam. Isso permitirá que sua consciência se acostume com essas ideias inquietantes e gere a determinação de que precisa para dar os primeiros passos no mês seguinte.

Ação de aprimoramento profissional: Ser Verdadeira Consigo Mesma

Agora é hora de observar de maneira realista sua "máscara" profissional. Por acaso a forma como se porta e o que faz no trabalho condizem com seu eu autêntico? Que imagem nova e mais verdadeira de si mesma poderia levar consigo para o mês seguinte?

Reserve um instante para fazer uma lista de todos os valores centrais e todas as coisas que lhe trazem alegria e felicidade tanto em casa quanto no trabalho. Tente não limitar, analisar ou justificar a lista. Não aja com base no conteúdo dela, não se comprometa nem faça promessas ainda; apenas desfrute dessa reflexão sobre quem você é agora.

Se tiver uma lista do mês passado, repare no que mudou e no que continua igual.

Fase Reflexiva
Dia 3

Período Ideal para: Descobrir as Verdadeiras Prioridades

A fase *Reflexiva* traz mais clareza e melhores habilidades mentais que a *Criativa*, mas com motivação e energia física limitadas precisamos concentrar energia no que é prioridade.

Todas nós carregamos uma lista de coisas que "deveríamos fazer", resultante das expectativas familiares, da sociedade e do ambiente profissional, para sermos aceitas, amadas, ter poder e segurança. As "coisas que deveríamos fazer" têm origem no que as pessoas nos dizem e das histórias que contamos a nós mesmas.

A palavra "deveria", muitas vezes, vem ligada a emoções de culpa, e podemos carregar culpa pelas expectativas não cumpridas do passado, além de aumentar a carga emocional todo mês com nossa lista de afazeres.

A atitude da fase *Reflexiva* de "não se incomodar" com as coisas nos ajuda a perceber que as "coisas que deveríamos fazer" são baseadas em exigências de outras pessoas, e isso nos empodera para deixar de lado essas expectativas. Ao fazer isso, nos livramos da culpa e sentimos maior liberdade de escolha.

A fase *Reflexiva* é o Período Ideal para rever a lista de ações necessárias, observar nossas expectativas sobre a vida, o trabalho e os objetivos e descobrir o que realmente importa. Podemos nos perguntar por que usamos a palavra "deveria" em vez de "poderia" e observar os medos ligados aos resultados não atingidos e à nossa resistência de fazer a tarefa. Liberar as coisas que "deveríamos fazer" muda a percepção para o mês seguinte, formando uma poderosa lista interna de "coisas que podemos fazer". Damos a nós mesmas uma escolha livre e leve sobre que ações executar.

Ação de bem-estar: Transformar as Coisas que "Devem" Ser Feitas Naquelas que "Podem" Ser Feitas

Construímos nossa lista de "coisas que devem ser feitas" com base em ideias de terceiros sobre como o mundo precisa ser para que se sintam amados e seguros. Quais das "coisas que devem ser feitas" não são suas? Nas ideias de quem você acredita? Quantas das "coisas que devem ser feitas" da infância você ainda carrega? Mudar a palavra "devem" para "podem" nos dá uma escolha: agir ou não.

Ação de objetivo: Refinar sua Lista Interior

Escreva sua lista interior de "coisas para fazer".

Inclua tudo nela, inclusive objetivos de infância e sonhos não realizados. Ao lado de cada item, anote há quanto tempo ele está em sua lista mental e emocional. Agora, ao lado de cada item, assinale se você acha que é algo que "deveria fazer". Há algo na lista que você queira fazer desesperadamente ou de fato fazer? Sublinhe esses itens. Quanto aos demais, pegue uma caneta grande e risque tudo que "deveria fazer" e... sinta desaparecer o peso emocional de tudo e a culpa relacionada! Não tome decisões ainda em relação aos itens sublinhados. Eles se tornarão a base da lista de objetivos da próxima fase *Dinâmica*.

Ação de aprimoramento profissional: Identificar Fontes de Pressão

Reserve um momento para rever as pressões que você sente no trabalho. O que a estressa ou a faz infeliz? Pergunte-se quais são as expectativas das pessoas em relação a você e seu trabalho. Essas expectativas condizem com a descrição de suas tarefas profissionais, com seu salário, com seus cronogramas, com seu treinamento, com suas habilidades e com o seu tempo? Você poderia fazer melhor seu trabalho sem carregar a pressão das "coisas que deveria fazer", de terceiros, para o mês seguinte? É capaz de identificar o temor por trás dessas expectativas e talvez aliviá-lo?

Fase Reflexiva
Dia 4

Período Ideal para: Desistir da Resistência

A baixa energia natural da fase *Reflexiva* nos oferece a oportunidade de deixar as preocupações para trás, simplesmente por não termos energia para nos preocuparmos. Quando paramos de resistir a essa fase e aceitamos a desaceleração, algo belo acontece. Percebemos um local de calma e bem-estar em vez de pensamentos atribulados do dia a dia. Nesse espaço interior, há sentimentos de aceitação, integridade e profunda noção de que tudo está bem e continuará assim. Infelizmente, não é fácil que a sociedade moderna nos dê oportunidades de deixar as coisas de lado e relaxar nessa fase, e é a necessidade de atingir às expectativas da sociedade que aumenta nossa resistência à fase *Reflexiva*.

Essa resistência surge automaticamente para a maioria das mulheres. Visando à segurança, resistimos e combatemos tudo o que aparenta ameaçá-la. Quanto mais resistimos, mais inflexíveis nos tornamos e mais distanciada fica a perspectiva da realidade das situações que enfrentamos. Quando percebemos que aceitar ativamente a fase *Reflexiva* é algo que traz empoderamento, controle, força e bem-estar, ficamos mais propensas a deixar de resistir e desacelerar.

A maravilhosa oportunidade que a fase *Reflexiva* nos dá é sentir que vida está boa do jeito que é no momento. Ela nos mantém no presente e nos ajuda a largar as memórias e expectativas para o futuro. Ela é o Período Ideal para refletir sobre as ansiedades e preocupações atuais, pois nossa ligação natural com a segurança interior nos permite descobrir quão surreais elas são e confiar no processo da vida. Muitas vezes, perdemos essa ligação em meio à confusão do restante do mês, mas agora temos a fantástica opção de usufruir da bela sensação de que tudo está bem do jeito que está.

Ação de bem-estar: Aceitar a Conexão Interior

Você está resistindo à fase *Reflexiva*? Conseguiria, alguns dias no mês, simplesmente deixar para trás suas expectativas e aceitar que as coisas levarão mais tempo, terão de ser deixadas de lado ou esquecidas?

Por que acha que está resistindo a essa oportunidade de desacelerar e de se conectar com um aspecto mais profundo de si mesma? Hoje, desacelere. Não dê importância a nada e perceba como seu corpo relaxa e os sentimentos de felicidade aumentam. Hoje, reserve um tempo para observar sua respiração. Repare na deliciosa sensação resultante de o corpo receber o ar de que precisa e na sensação agradável de quando ele expira o ar de que não necessita. Concentre-se nesses bons sentimentos e na experiência interior de segurança gerada por eles.

Ação de objetivo: Descubra Sua Resistência

Quando nos sentimos desconfortáveis com algo, é porque estamos resistindo a ele. Pense em seus objetivos e nas atitudes tomadas para realizá-los no mês anterior e veja bem onde e quando sentiu estresse emocional, mental ou físico. Essas sensações estavam dizendo que você estava resistindo à situação.

Pode ser que seus objetivos e suas ações não estejam em harmonia com seu eu autêntico, com suas necessidades do momento, ou que você esteja tentando forçar a realidade a seguir sua vontade em vez de aceitá-la como é.

Em que área sente que isso se aplica e que áreas parecem estar fluindo facilmente com pouquíssimo esforço?

Reconhecer que o verdadeiro eu está resistindo à direção que a mente o obriga a tomar é o primeiro passo para parar e rever objetivos.

Ação de aprimoramento profissional: Assumir Nova Direção

Pense nas situações em que você está dedicando muito esforço, tempo ou dinheiro e em que não está vendo resultados positivos.

Está colocando energia na direção certa ou resistindo à situação e lutando para seguir sua própria direção?

É capaz de desistir da abordagem atual e experimentar outra direção para atingir os resultados positivos que deseja?

Fase Reflexiva
Dia 5

Período Ideal para: Revisar

A fase *Reflexiva* é o Período Ideal para revisar a vida e os objetivos, a fim de ver se ainda condizem com o que desejamos atingir e se ainda temos o incentivo e o entusiasmo iniciais para fazer as coisas acontecerem.

Nessa fase, revisar não é somente um processo analítico, mas também guiado pela conexão natural que temos com nossos níveis interiores mais profundos. "Revisar" é uma atividade que fica mais parecida com a meditação ou a reflexão, com ênfase em sentimentos e intuições.

Durante a fase *Criativa*, podemos ter revelações intensas ou fortes impulsos de nos livrar de certas situações, atividades ou pessoas – mas devemos deixar para agir depois que tivermos passado pela fase *Reflexiva*. Esse é o momento de mantermos a ideia em mente e testá-la de acordo com os sentimentos de bem-estar e "do que é correto". Precisamos nos perguntar se é correto acabar com algo em questão e começar um novo, ou se podemos ver a situação de maneira impessoal e deixá-la para trás com o mês que passa. Pode ser que não haja problema nenhum com a situação e que ela apenas precise melhorar em alguns aspectos.

A fase *Reflexiva* nos oferece a oportunidade de rever situações e de refletir sobre os sentimentos que temos em relação a elas antes de nos determinarmos a agir.

Desapegar-se das coisas na fase *Reflexiva* é algo que acontece em nível profundo e tem o potencial de operar mudanças poderosas e positivas em nossa vida. Desapegarmo-nos das coisas com o conhecimento interior de que esse é "o certo a fazer" nos dá apoio contra a pressão de quando a mente começa a ficar mais analítica e questionadora na fase *Dinâmica* e nos protege contra a pressão das opiniões alheias.

O processo de revisão da fase *Reflexiva* também nos abre para introspecções e ideias profundas sobre as situações. Pelo mero fato de reconhecer que estamos com um problema, abrimos uma comporta para que fluam novas percepções.

Ação de bem-estar: Refletir sobre Problemas Pessoais

Escolha um problema que vem lhe causando desconforto e reconheça o efeito que ele tem sobre você e sua vida. Pergunte-se: É preciso deixar algo para trás, como uma memória, uma reação emocional, um relacionamento, uma expectativa, uma decepção, uma atitude, um julgamento, uma crítica ou até mesmo um sonho? Pergunte-se se a situação parece estar razoável, mas precisa melhorar em alguns aspectos. Permita-se refletir sobre o problema, sobre essas perguntas e sobre as respostas no decorrer do dia.

Se achar que é hora de deixar algo para trás, verifique seus sentimentos sobre o que é "correto" e então comprometa-se a agir positivamente no mês que vem, durante as fases mais apropriadas.

Ação de objetivo: Verificar Seu Progresso

Olhe seus objetivos e seu plano de ação do mês anterior ou escreva aquela lista de desejos que está em sua cabeça. Objetivos não passam de lugares em que queremos chegar, e no decorrer da jornada rumo a eles muitas vezes descobrimos novas coisas que desejamos fazer ou novos aspectos de nós mesmas que desejamos explorar. O processo de revisão consiste apenas em verificar seu progresso e se você ainda está indo na direção certa.

Esse é o Período Ideal para refletir sobre se você gostaria de passar o próximo mês caminhando em direção aos objetivos que definiu. É animadora a ideia de reservar tempo e esforço no mês seguinte para tornar seu objetivo realidade ou agora não parece mais valer a pena? Onde se encontram seu entusiasmo e sua felicidade?

Por acaso você tem objetivos diversificados que diluem a sua energia? Escolha ou reafirme um objetivo principal, independentemente do quão louco ou distante ele pareça ser.

Ação de aprimoramento profissional: Buscar uma Perspectiva Geral

Use esse inestimável Período Ideal para revisar, rever projetos profissionais, listas, estruturas e cronogramas de tarefas ou a agenda para o mês seguinte. Lembre-se de que você não está tentando analisar as coisas – deixe para analisá-las na fase *Dinâmica*. O que quer é obter uma noção geral do que parece ser bom e correto.

A situação apontará aspectos que não parecem certos. No momento, você talvez não entenda racionalmente os motivos por trás dos sentimentos, mas o subconsciente vai reconhecer padrões que a consciência pode não perceber. Confie na intuição e lhe dê tempo nos próximos dias para encontrar motivos. Haverá uma resposta à pergunta "por quê?", mas pode levar algum tempo para que ela tome forma.

Fase Reflexiva
Dia 6

Período Ideal para: Preparar-se para a Fase Dinâmica

A fase *Dinâmica* será o Período Ideal para ter inspiração, ideias e o conhecimento interior das fases *Criativa* e *Reflexiva* e colocá-los em ação dinâmica. É o Período Ideal para fazer planos e outras coisas, o que o torna o ponto de partida ideal para o novo mês.

As energias e capacidades da fase *Reflexiva* se transformam aos poucos nas da fase *Dinâmica*, e para usar essas novas energias e capacidades restauradas e rejuvenescidas da melhor maneira possível precisamos decidir onde vamos focá-las.

Quando saímos da hibernação da fase *Reflexiva*, a energia física começa a aumentar; precisamos dormir menos e ficamos com mais resistência física. Mentalmente, prestamos mais atenção no mundo exterior e estamos renovadas, com maior clareza e entusiasmo para as ações que faremos e para a direção que desejamos assumir.

Com a memória e o poder de processamento intensificados, essa fase é o Período Ideal para aprender algo novo, experimentar novidades, construir estruturas e planejar os passos em direção aos sonhos.

Não só adquirimos a capacidade de nos motivar com a visão geral como nos tornamos capazes de planejar os pequenos passos para criá-la. A confiança também aumenta durante a fase *Dinâmica*, e mais uma vez a opinião sobre nós mesmas nos diz que podemos realizar qualquer coisa em que focarmos a mente. A fase *Dinâmica* é uma oportunidade maravilhosa de recomeçar, e com a criatividade e a organização da fase *Criativa* e a reflexão da fase *Reflexiva* estamos agora na melhor posição para prosseguir na jornada rumo aos sonhos e objetivos.

Ação de bem-estar: Escolher Aventuras

O que você poderia fazer na próxima semana que seria aventureiro, divertido, novo e animador e em que possa usar as habilidades de organização da fase *Dinâmica*? Vá além do óbvio. Pense em algo que sempre quis criar, mas que não tinha autoconfiança para fazer. Se não puder fazê-lo este mês, comece a se organizar para o próximo mês.

Também reflita sobre o que realmente gostaria de fazer com toda essa energia renovada. Pode ser que queira começar uma nova dieta ou rotina de exercícios, iniciar um novo projeto, fazer um curso ou aprender uma nova habilidade.

Ação de objetivo: Determinar Ações

Comece a pensar sobre seus objetivos e sobre o que precisa fazer para ir na direção deles no próximo mês. A fase *Dinâmica* lhe dará energia e clareza para determinar todos os detalhes e criar a estrutura e os cronogramas necessários para atingi-los, então é importante que você tenha uma ideia mais clara de como e onde aplicar essas capacidades. Use os *insights* dessa fase para ajudá-la a se manter focada nas prioridades.

Ação de aprimoramento profissional: Concentrar as Energias

A fase *Dinâmica* lhe oferecerá mais clareza mental, boa capacidade de operar multitarefas e de se concentrar por mais tempo. Está claro que ela é o momento de colocar em dia as tarefas deixadas de lado durante a fase *Reflexiva*. Pode ser útil fazer uma lista de tarefas e atribuir prioridade a cada uma delas.

Antes de agir, reflita sobre os aspectos que parecem precisar de mais estrutura e organização, de gestão de tempo mais eficaz ou de mais informações sobre algum assunto. As capacidades analíticas da fase *Dinâmica* são ideais para solucionar problemas e lidar com detalhes. Lembre-se de que haverá a tendência, nesta fase, de focar muito no trabalho e atingir objetivos. Quando entrar nela, tenha em mente que, apesar de ser possível colocar as coisas em dia e trabalhar muito, é importante não fazer isso à custa do equilíbrio entre vida profissional e pessoal.

Resumo final da fase Reflexiva

Para ajudá-la a analisar suas experiências durante a fase *Reflexiva*, pode ser bom responder às seguintes perguntas.

1. Como foi a fase *Reflexiva*? Em comparação com a fase *Criativa*, como você se sentiu?

Emocionalmente	
Mentalmente	
Fisicamente	

2. Em que dias do plano você sentiu que as informações e ações condisseram com suas experiências pessoais?

3. Que capacidades constatou que estavam aprimoradas ou mais fáceis nessa fase em comparação com a anterior?

4. Como aplicou na prática, este mês, as capacidades ampliadas?

5. O que planeja fazer com as capacidades da fase *Reflexiva* no próximo mês?

6. Qual foi a coisa mais surpreendente, intrigante ou incrível que descobriu sobre si mesma nessa fase?

Personalizando o plano

Você pode personalizar o Plano Diário da Mulher Realizada para que ele se adeque ao seu ciclo único, escolhendo ações que estejam em harmonia com as capacidades do Período Ideal e combinando-as em uma lista com as datas do ciclo. Pode repetir as mesmas ações em vários dias.

Preencha a tabela abaixo e veja se consegue planejar algumas tarefas para o próximo mês, de modo a empregar da melhor forma as capacidades ampliadas.

Fase Reflexiva		
Meu Período Ideal para:		
Número do dia do ciclo	Ações para o Período Ideal	Tarefa para o próximo mês

Capítulo 10

Cumpri o Plano, e Agora?

O Plano Diário da Mulher Realizada é um mapa que dá início a uma jornada de exploração e descobertas sobre nós mesmas. Trabalhar com ele muda nossa visão de nós mesmas, independentemente de quantas ações diárias implementarmos. Às vezes, apenas saber que há uma

> "Cada ciclo é uma descoberta! Estou amando. E, quanto mais consciente fico dele, mais intensamente parece que o sinto."
> – Sophia, doula e assistente de *workshops*, Espanha.

perspectiva diferente é o bastante para mudar a maneira como vemos as coisas. Outras, apenas receber permissão para agir em harmonia com nosso eu autêntico é o bastante para mudar nossa vida.

O plano nos ajuda a ver o ciclo de maneira diferente, como um recurso positivo de Períodos Ideais e capacidades que podem ser aplicadas em muitos aspectos diferentes da vida.

Nossa relação com as diversas fases do ciclo pode se tonar uma relação de empolgação e expectativa pelas experiências, pela exploração e pela aplicação de capacidades ampliadas.

O plano nos levou ao território de ciclos únicos. Agora precisamos dar o próximo passo, explorar e mapear essa nova e empolgante paisagem. Para fazê-lo, precisamos entender o formato da terra, os desafios e as oportunidades únicos para cada uma de nós.

Passando da consciência linear para a consciência cíclica

A essa altura, você já pegou os resultados dos resumos das fases e marcou no diário as fases e as habilidades dos Períodos Ideais para o próximo mês. O problema dos diários é que representam um conceito linear de tempo, e, quando os usamos para registrar nossos ciclos e planejar nosso cronograma, fortalecemos a opinião de que nossos ciclos são apenas uma sequência que se repete, não algo rotativo.

Para nos ajudar a reforçar a consciência de nossa natureza e de nossas capacidades cíclicas, podemos registrar os Períodos Ideais e conjuntos ampliados de habilidades em uma série de diagramas circulares, ou Diagramas do Ciclo, semelhantes aos que Penelope Shuttle e Peter Redgrove sugerem no livro *The Wise Wound*. A vantagem do Diagrama do Ciclo é a possibilidade de comparar um mês com outro em pouco tempo, o que nos permite descobrir com mais facilidade os padrões por trás das capacidades e dos Períodos Ideais.

Criando um Diagrama do Ciclo

O Diagrama do Ciclo é um diário circular para um ciclo menstrual. Para criá-lo, precisamos apenas desenhar um círculo em uma folha de papel e dividi-lo em seções radiais, com cada seção representando um dia do ciclo. Mais dias em branco devem ser inclusos caso o ciclo do mês em questão seja mais longo que o esperado (ver Figura 4). O diagrama dado como exemplo é baseado em um ciclo de 28 dias, mas seu ciclo pode ser mais extenso ou mais curto.

Então, dividimos o círculo em três anéis concêntricos. Usamos o anel externo para registrar o "número do dia" do ciclo. O primeiro dia de menstruação é considerado o "dia 1" do ciclo, porque é o dia mais fácil de identificar. Vimos no plano que o início físico, mental e emocional real do ciclo começa com o aumento de energia que acompanha o início da fase *Dinâmica,* por volta do dia 7.

No entanto, uma vez que o início da fase *Dinâmica* nem sempre ocorre no mesmo dia, pode ser útil começar cada Diagrama do Ciclo no primeiro dia da menstruação, isto é, o dia 1. **Lembre-se de que esse não é o início do novo ciclo de energias, que começa quando se inicia a fase** *Dinâmica*.

No anel intermediário, registramos a data do calendário, e é bom preencher esses espaços com antecedência. No anel interno, registramos algumas palavras descritivas.

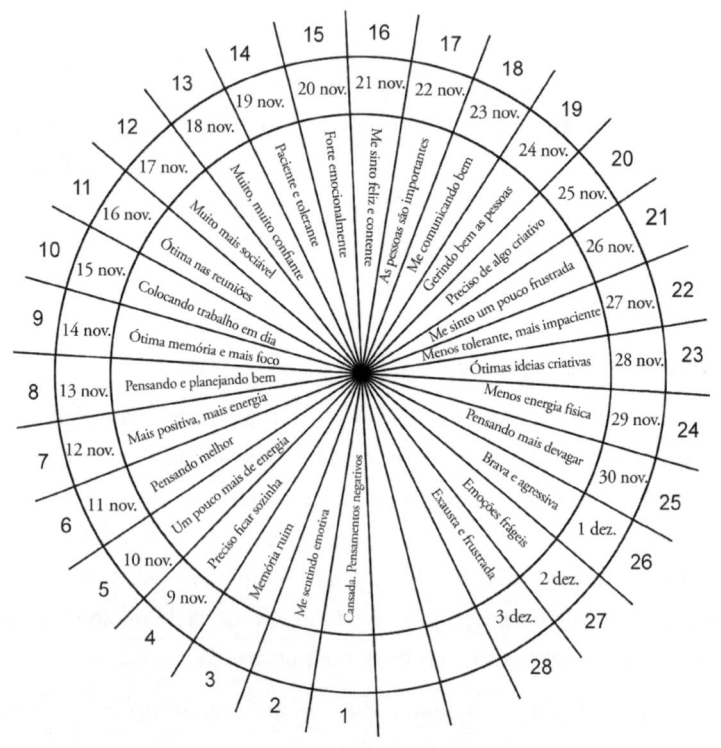

Figura 4 – Exemplo de diagrama preenchido.

Há um Diagrama do Ciclo em branco no Apêndice 2, para uso pessoal, para copiar e ampliar. Há também uma versão disponível para *download* em **www.optimizedwoman.com**.

Fazendo um "Diagrama Panorâmico"

O Diagrama Panorâmico é o mapa do cenário geral do nosso ciclo. Pode ser usado para ajudar a planejar o mês seguinte, dando-nos um breve resumo do ciclo.

Para fazer um Diagrama Panorâmico, pegue as notas do resumo de cada fase na parte "Personalizando o plano", com o número de cada dia do ciclo. Escreva essas informações em um círculo em branco, deixando a parte da data do calendário em branco.

Se quiser, pinte os dias em que certas capacidades específicas estão ampliadas, para dar ênfase aos Períodos Ideais. Assim você terá um Diagrama Panorâmico, que é uma fantástica ferramenta para planejar o mês seguinte.

O Diagrama Panorâmico deve ser usado com o entendimento de que os ciclos são mutáveis e que influências exteriores podem ter efeito sobre eles.

Os dias em que as habilidades ampliadas aparecem às vezes variam, então não podemos deixar de ficar atentas às mudanças à medida que ocorrem, para agir de maneira apropriada. Com isso em mente, podemos usar o diagrama para nos ajudar a fazer planos, de modo que nossas ações coincidam com os Períodos Ideais do próximo mês.

Fazendo um "Diagrama de Planejamento"

> O Diagrama de Planejamento é, provavelmente, uma das ferramentas mais simples e poderosas para criar a vida, o sucesso, a realização e o bem-estar que você deseja.

O Diagrama de Planejamento é um instrumento circular para planejar o mês seguinte com base nos Períodos Ideais e nas capacidades correlatas. Crie um diagrama em branco para o mês seguinte com o número de dias do seu ciclo e as datas do calendário. Então, na fase *Dinâmica*, e tendo como referência a lista de afazeres e o Diagrama Panorâmico, disponha atividades em cada dia do diagrama.

> "Planejo o mês de acordo com o ciclo: marco meus compromissos públicos por volta da ovulação, que é meu período mais extrovertido do mês. Deixo para escrever, planejar e juntar material e informações durante a menstruação, período mais introvertido do mês para mim."
> – DeAnna, palestrante, educadora e treinadora, EUA.

Diferente de um diário, em que você pode ter de passar de uma página para outra, com o diagrama podemos ver o plano inteiro para o mês com um breve olhar.

Faça quantos Diagramas de Planejamento quiser. Você pode fazer diagramas específicos para cada projeto ou alguns mais gerais para o trabalho, para o desenvolvimento pessoal e para a realização de objetivos.

Por exemplo, para o trabalho, pode-se usar o Diagrama de Planejamento para planejar:

- Ações específicas.
- Dias de relaxamento.
- Dias para colocar as coisas em dia.
- Dias de criatividade.
- Reuniões e apresentações.
- Dias para pesquisa e aprendizado.
- Dias para fazer *networking*.
- Dias para identificar problemas e ter ideias inusitadas.

- Dias para iniciar projetos, apoiar e revisá-los.
- Prazos.

Quando for usar seu ciclo para *coaching* pessoal, você pode usar o Diagrama de Planejamento para planejar as atividades que definiu no plano de ação mensal.

Use o diagrama para:

- Reservar um dia da fase *Reflexiva* para revisar.
- Determinar um dia *Dinâmico* para planejar as ações.
- Planejar ações em harmonia com os Períodos Ideais.
- Planejar dias para pesquisar e fazer *networking*.

Também se pode usar o Diagrama de Planejamento para usar da melhor maneira os Períodos Ideais na vida e no desenvolvimento pessoal.

Use-o para organizar:

- Compromissos sociais que coincidam com períodos enérgicos, extrovertidos e acolhedores.
- Rotinas de exercícios e de alimentação saudável, levando em conta períodos de baixa energia e para ajustar as expectativas de maneira apropriada.
- Períodos para ficar sozinha e relaxar, se cuidar, refletir e comunicar-se consigo mesma.
- Um dia para fazer contas, pagá-las e organizar a lista de afazeres.
- Novos projetos – podem ser qualquer coisa, desde decorar a casa até fazer aulas e iniciar um novo negócio.
- Tempo sozinha para refletir, entender problemas centrais e aliviar emoções, medos e ansiedades.

- A oportunidade e o que for necessário para soltar a criatividade e expressar-se.
- Tempo para conversas sinceras, para os relacionamentos e para a família.

O Diagrama de Planejamento também nos dá a oportunidade de nos assegurarmos de satisfazer às necessidades mentais, emocionais e criativas de cada uma das quatro fases, planejando atividades de suporte que entrem em harmonia com cada fase. Reveja o conteúdo dos *Capítulos 4* a *7* para ter ideias e descobrir estratégias sobre como usar o Diagrama de Planejamento. Olhe as tabelas do *Capítulo 11* para ver um resumo de aptidões e habilidades.

Mudando a maneira como vemos a nós mesmas e nossa vida, e planejando viver ativamente em harmonia com nosso ciclo, geramos sentimentos de empoderamento, sucesso e, acima de tudo, autoaceitação, amor e felicidade.

> **Se planejarmos uma só coisa a cada Período Ideal e agirmos em função dela, realizaremos mais ou alcançaremos um nível de desempenho mais alto que se fizéssemos de maneira diferente.**

Dando o próximo passo

O plano foi desenvolvido como ponto de partida e o próximo passo é ver com mais atenção a variedade de mudanças que podemos manifestar durante o mês. Ao longo do plano, você passou por mudanças que ele não descreve. Pode ter observado flutuações no desejo sexual e mudanças nas necessidades emocionais e de relacionamento, na espiritualidade, nos sonhos e no apetite.

O *Apêndice 1* contém tabelas que apontam algumas mudanças pelas quais podemos passar durante o mês. Algumas delas lhe serão familiares e outras, estranhas. Não se desencoraje com as listas; não precisamos registrar tudo, mas uma grande variedade de observações pode nos ajudar a entender melhor nossas mudanças.

Algumas mulheres preferem manter um diário e resumir as experiências em poucas palavras nos Diagramas do Ciclo.

> "(*Dia 23. Fase Criativa*) Muito cansada, preciso dormir mais. Foco e atenção estão ruins 2/10 (parece que estou sem cérebro!)." – Déborah, estilista assistente de uma casa de moda, França.

Se você não gostar da ideia de manter registros ou se a vida for muito corrida para ter mais um afazer, uma alternativa rápida é atribuir valores numéricos às observações. Por exemplo, se formos registrar a resistência física, podemos simplesmente escrever 4/10 em um dia em que ela estiver baixa.

Quanto mais compreendemos os Períodos Ideais e suas capacidades ampliadas, mais somos capazes de criar uma vida para nós mesmas que traga, de forma intrínseca, felicidade e bem-estar.

O desafio é viver nossa natureza cíclica em um mundo que não a comporta. Isso é possível; só é necessário um pouco de planejamento, e as recompensas serão maiores que os desafios.

Para mim, o entendimento do meu ciclo me mostrou habilidades que eu não sabia que tinha, e pude usá-las com sucesso, porque estava preparada para ver que uma semana, uma vez ao mês, era uma oportunidade, e não sinal de incapacidade de manter a consistência.

Quem ousa, ganha!

> Ter uma habilidade por semana ao longo do mês é uma oportunidade de sucesso, não sinal de incapacidade de manter a consistência.

O último e definitivo passo em "o que vem a seguir" é perguntar-se como compartilhar as informações sobre nosso ciclo com os homens.

Ao ministrar palestras sobre meu livro *Red Moon: Understanding and Using the Creative, Sexual and Spiritual Gifts of the Menstrual Cycle*, tive a agradável surpresa de observar a quantidade de homens na plateia. Alguns eram terapeutas, mas a maioria apenas queria entender as mulheres com as quais convivia e aprender como se relacionar melhor com elas. O problema da maior parte dos homens é: se não entendemos como nós mesmas funcionamos, como podem eles nos entender?

> Se as mulheres não entendem quem são e como funcionam, como os homens podem entendê-las?

A chave para qualquer relacionamento é a comunicação, e precisamos comunicar nossas experiências e nossa compreensão dos Períodos Ideais únicos.

Obviamente, no ambiente profissional, pode ser desconfortável e inadequado conversar com colegas homens sobre nosso ciclo menstrual. O assunto é tabu, e é preciso uma mulher forte para lidar com piadas, termos pejorativos e comentários depreciativos, generalizações e ideias negativas. Podemos, no entanto, ajudar os homens a entender as capacidades mutáveis do nosso ciclo menstrual e encorajar nossos empregadores a trabalhar com nossos pontos fortes simplesmente usando as palavras "Período Ideal". Dizer que esta semana ou a próxima será um "Período Ideal" para fazer certas tarefas proporciona aos colegas homens uma boa orientação sobre o que esperar de nós. Explicarmos ou não em que se baseiam os Períodos Ideais dependerá da relação com os colegas.

Um dos comentários que vi com frequência depois de escrever *Red Moon* foi "queria que meu marido lesse este livro". Se você conhece um homem que tenha interesse e vai se sentar para ler um livro sobre ciclo menstrual do começo ao fim, então lhe dê este livro. O marido de uma amiga leu *Red Moon* com roupas de motoqueiro no metrô de Londres, na ida para o trabalho, toda manhã. Imagine só o que pensaram dele!

A maioria dos homens, acho, procura apenas um resumo que diga "o que esperar" e "o que fazer", e fiz esse resumo no *Capítulo 11*. Meu marido sempre quis uma etiqueta colorida na minha testa que lhe dissesse em que fase estou. Concordamos com uma série de ímãs de geladeira coloridos. É claro que não podemos dar aos parceiros o critério definitivo que eles gostariam ou definir regras sobre o que funcionará ou não conosco. Não deixa de ser importante compartilharmos nossas experiências e dar-lhes diretrizes.

O compartilhamento de experiências é, no entanto, uma via de mão dupla: também precisamos escutar os sentimentos do nosso parceiro sobre quem somos e como nos comportamos em diferentes fases e encontrar maneiras de satisfazer às necessidades de ambos e apoiar as necessidades do parceiro. Se pararmos para pensar, nosso parceiro está vivendo com quatro mulheres diferentes em um só corpo.

> **Os homens vivem com quatro mulheres em um só corpo!**

Quando introduzimos os Períodos Ideais em nossos relacionamentos, geramos situações em que ambas as partes saem ganhando. Ao dar diretrizes aos nossos colegas de trabalho sobre os Períodos Ideais para determinadas tarefas, eles passam a ajustar o trabalho para que ele se encaixe nesses períodos por causa da criatividade, da produtividade e dos conjuntos de habilidades ampliadas que oferecemos.

Nos relacionamentos pessoais, tornamo-nos mais capazes de expressar quem somos e de que precisamos, o que permite que os homens tenham confiança ao satisfazer às nossas necessidades sem temer serem rejeitados ou fazer as coisas do jeito errado.

> "Me surpreendi por meu parceiro se interessar bastante (*pelos Períodos Ideais*) também. Isso vai ajudá-lo a me entender melhor. Nós dois saímos ganhando!" – Wendy, diretora de marketing, Canadá.

Resumo do Capítulo 10

- Usar um Diagrama do Ciclo nos permite comparar os meses com mais facilidade.
- O Diagrama do Ciclo nos ajuda a perceber que nossa natureza é cíclica.
- Podemos fazer um único diagrama com visão resumida das habilidades e capacidades dos Períodos Ideais e usá-lo para planejar atividades para o mês seguinte.
- Quando aplicamos as habilidades ou capacidades nos Períodos Ideais, alcançamos um nível de produtividade, introspecção e excelência que não alcançaríamos se não as aplicássemos nesses períodos.
- Podemos manifestar vasta gama de capacidades nos Períodos Ideais. Manter um registro mais detalhado nos permite descobrir o máximo potencial que nosso ciclo nos oferece.
- Ter uma habilidade por semana não é "falta de consistência"; é uma oportunidade de explorar, nos desenvolver e ter sucesso em novas áreas.
- Os homens precisam saber sobre Períodos Ideais para que não generalizem e não criem expectativas falsas sobre nossas habilidades e capacidades.

- Usar as palavras "Períodos Ideais" no ambiente de trabalho ajuda os homens a entenderem o conceito, mesmo se for inapropriado mencionar o ciclo menstrual.
- Precisamos compartilhar as experiências dos nossos Períodos Ideais com nossos parceiros e escutar suas necessidades a respeito dessas experiências.
- **É necessário dizer aos parceiros em que fase estamos.**

Capítulo 11

O Que os Homens Precisam Saber

Antes de qualquer coisa, parabéns por estar lendo este capítulo! Acredito que você tenha uma parceira ou trabalhe com mulheres. Creio, também, que lhe deram este capítulo para ler. Não se preocupe – serei breve e direta.

Nesta seção, resumirei as principais coisas que você precisa saber sobre como funcionam as mulheres e lhe darei algumas sugestões de como aplicar essas informações. Embora o capítulo não explique todas as mulheres, ele lhe dará algumas chaves para entender o que acontece com muitas delas.

Porque as mulheres não pensam nem agem como os homens

A má notícia é que as mulheres não são iguais aos homens. Os homens precisam, portanto, de algumas estratégias para abordá-las. A chave para entender as mulheres é perceber que elas não são consistentes nas capaci-

> "Por que as mulheres não podem ser mais como os homens?" – Professor Henry Higgins, do filme musical *Minha Bela Dama*.

dades, nas habilidades e nos pensamentos de semana para semana. É possível que isso não seja nada novo; no entanto, se você compreender que as mulheres são consistentes de mês para mês, então haverá um nível de previsibilidade.

A Mulher "4 em 1"

Imagine que você tem quatro mulheres diferentes no mês, uma por semana. Cada mulher tem capacidades e jeitos de ver o mundo um pouco diferentes. O jeito que você trata cada uma delas seria naturalmente um pouco diferente, e suas expectativas para cada uma delas seriam diferentes também.

Imagine que essas quatro mulheres têm a mesma aparência. Agora você tem a base para entender as mulheres e seus ciclos menstruais. Cada mulher é ao menos quatro mulheres em uma só!

> Cada mulher é ao menos quatro mulheres diferentes em uma só!

A cada mês, as mulheres passam por quatro fases no ciclo menstrual, o que lhes dá acesso a diferentes habilidades e capacidades.

Isso não significa que elas não sejam confiáveis ou consistentes; em vez disso, têm acesso a uma vasta gama de capacidades ou abordagens ampliadas ou aprimoradas que se repete mensalmente. As mulheres têm um conjunto de habilidades poderoso que, muitas vezes, não é aproveitado, pelo fato de suas habilidades serem vistas como erráticas.

Viver e trabalhar com a mulher "4 em 1" quer dizer, para os homens, que eles precisam mudar suas expectativas sobre como abordar e trabalhar com as mulheres.

A boa notícia é que, se você ajustar sua abordagem às capacidades ampliadas das

> "Nunca confie em uma coisa que sangra por sete dias e não morre!" – Sr. Garrison, do programa de TV *South Park*.

mulheres e à maneira delas de pensar, não só haverá mais chances de que seja bem recebido como receberá quantidades surpreendentes de ação, compromisso, capacidade de solução de problemas, criatividade de apoio ou compreensão em resposta.

> Se você ajustar sua abordagem à maneira de pensar e às habilidades de Período Ideal de uma mulher, é mais possível que receba uma resposta positiva.

Afinal, o que são os Períodos Ideais

São grupos de dias durante o mês em que certos conjuntos de habilidades se intensificam nas mulheres. Elas passam das habilidades mentais – como operar multitarefas, análise e pensamento estruturado e criativo – às emocionais – como empatia, capacidade de fazer *networking* e apoiar uma equipe –, e daí às físicas – como resistência, força e coordenação.

O ciclo pode ser dividido em quatro Períodos Ideais, cada um com duração aproximada de uma semana (isso pode variar de mulher para mulher). Chamo esses Períodos Ideais de fase *Dinâmica*, fase *Expressiva*, fase *Criativa* e fase *Reflexiva*, e eles correspondem, respectivamente, às fases pré-ovulatória, ovulatória, pré-menstrual e menstrual do ciclo das mulheres.

O que você precisa saber sobre as mulheres

Para tratar as mulheres de maneira harmônica com os Períodos Ideais, você precisa entender o que muitas delas sentem nesses períodos. Depois, para obter o melhor das capacidades e habilidades ampliadas, precisa também saber em que tipo de ações e tarefas as mulheres vão se sobressair nesses períodos.

Por fim – o que talvez seja o mais importante de tudo –, também precisa saber como adaptar sua abordagem em resposta aos Períodos Ideais e ter ideia de como determinar em que fase estão as mulheres.

Tabela 11.1 – Períodos Ideais das mulheres e suas habilidades e aptidões

Fase do ciclo	Habilidades e aptidões do Período Ideal
Fase Dinâmica Aproximadamente entre os dias 7 e 13	Concentração, memória, planejamento, atenção aos detalhes, pensamento lógico e estruturado, foco em realizações, ação independente e motivação pessoal. Excelente resistência e força física.
Fase Expressiva Aproximadamente entre os dias 14 e 20	Foco nas pessoas, comunicação eficaz, empatia, bom trabalho em equipe, *networking*, vendas, ensinar, abordagem altruísta, apoiadora, produtiva, flexível, emocionalmente forte. Boa força física, mental e emocional e boa resistência física.
Fase Criativa Aproximadamente entre os dias 21 e 28	Análise crítica, solução de problemas, ação independente, controle, criativa, intuitiva, motivação por entusiasmo, focada em mudanças e nos problemas. Diminuição gradual de energia física e mental e aumento da sensibilidade emocional. Picos de alta criatividade e frustração.
Fase Reflexiva Aproximadamente entre os dias 1 e 6	Revisão imparcial, abordagem de visão geral, desapego de resultados, facilidade para esquecer, perdoar, crenças centrais são importantes, reflexão criativa, compreensão intuitiva, mais voltada aos sentimentos. Baixa energia física e mental.

Lembre-se de que as mulheres podem ter essas capacidades em todo o mês. Os Períodos Ideais são apenas grupos de dias em que certas habilidades e aptidões ficam ampliadas.

Tabela 11.2 – Ações para os Períodos Ideais das mulheres

Fase do ciclo	Ações do Período Ideal
Fase Dinâmica Aproximadamente entre os dias 7 e 13	**Período bom para:** • Tarefas lógicas e resolução de problemas • Aprender • Planejar • Escrever relatórios detalhados • Entender e estruturar informações complexas • Iniciar projetos **Período ruim para:** • Fazer resumos ou relatórios breves • Ter atitude casual • Projetos em conjunto • Ter abordagem empática
Fase Expressiva Aproximadamente entre os dias 14 e 20	**Período bom para:** • Cuidar dos outros • Apoiar pessoas e projetos • Conversar sobre sentimentos e problemas de relacionamento • Projetos em conjunto • Papéis de liderança • Criar abordagens emocionalmente centradas **Período ruim para:** • Detalhes técnicos e análises • Desapego emocional • Ação independente • Motivação com resultados materiais

Fase do ciclo	Ações do Período Ideal
Fase Criativa Aproximadamente entre os dias 21 e 28	**Período bom para:** • Análises críticas • Identificar problemas • Agir independentemente • Contribuir criativamente e achar soluções criativas • Limpar e selecionar • Reorganizar • Foco nos resultados • Ser força motivadora • Controlar projetos ou situações **Período ruim para:** • Conversas sinceras • Negociações • Inatividade • Trabalho preciso e detalhado • Raciocínio lógico
Fase Reflexiva Aproximadamente entre os dias 1 e 6	**Período bom para:** • Rever projetos e relacionamentos • Focar-se em princípios centrais • Avaliação de *feedback* • Comprometer-se com mudanças e decisões • Analisar a direção e os objetivos da vida pessoal • Reflexão criativa • *Insights* intuitivos **Período ruim para:** • Resistência física • Habilidades de aprendizado e memória • Concentração • Fazer horas extras • Motivação material

Como Obter o Melhor das Mulheres

Para obter o melhor das mulheres, é preciso:

- Combinar as tarefas com os Períodos Ideais.
- Mudar a comunicação e a abordagem para que se compatibilizem com as habilidades e capacidades delas.

Se você utilizar uma abordagem emocional para pedir algo a uma mulher enquanto ela estiver em um Período Ideal para detalhes e lógica, o pedido poderá ser rejeitado, ignorado ou receber prioridade baixa. Se, no entanto, você mudar a abordagem e lhe der motivos estruturados, não só é mais possível que ela lhe dê maior prioridade como você poderá receber de volta resultados detalhados, produtividade e cronogramas muito além das expectativas.

Tabela 11.3 – Métodos para abordar mulheres durante os Períodos Ideais

Fase do ciclo	Abordagens de Período Ideal
Fase Dinâmica Aproximadamente entre os dias 7 e 13	• Oferecer novos projetos. • Oferecer motivos lógicos para o que você quer; fazer com que seu pedido pareça coincidir com os objetivos dela. • Apoiar as "causas" dela, mas dar-lhe espaço para que tome a iniciativa e trabalhe por si só. • Reconhecer a motivação pessoal dela e usar sua atenção aos detalhes para planejar. • Deixar para falar de outras coisas que não as tarefas na próxima semana.

Fase do ciclo	Abordagens de Período Ideal
Fase Expressiva Aproximadamente entre os dias 14 e 20	• Sugerir socialização ou *networking*. • Ofereça projetos que envolvam cuidado, acolhimento ou trabalhar em equipe em direção a um objetivo conjunto. • Valide-a positivamente. • Apresente motivos altruístas ou que tenham a ver com terceiros em vista do que você quer e peça o que quiser de forma direta. • Compartilhe sentimentos e use palavras emotivas ao se comunicar.
Fase Criativa Aproximadamente entre os dias 21 e 28	• Seja flexível e priorize tarefas. • Fale de coisas que incentivem ideias inovadoras. • Motive com entusiasmo e criatividade e não faça cobranças. • Ofereça apoio ou dê a ela independência, como necessário. • Afaste de você a capacidade dela de julgar de maneira crítica. • Entenda que os "problemas" dela não precisam ser solucionados imediatamente por você, mas que algumas coisas precisam ser feitas.
Fase Reflexiva Aproximadamente entre os dias 1 e 6	• Aceite que essa é uma semana de baixa energia e organize as tarefas para que coincidam com as energias renovadas dela na próxima semana. • Apresente novas ideias desafiadoras ou mudanças para que ela as processe e se comprometa com elas. • Pergunte-lhe o que é realmente importante para ela. • Entenda que os *insights* revolucionários ainda estão lá; pode ser apenas que levem mais alguns dias para aparecer. • Permita pausas a ela e dê-lhe espaço para si mesma. Diminua a pressão por resultados imediatos.

Como o homem pode saber em que Período Ideal se encontra uma mulher?

Esta é uma pergunta complexa de responder, pois muitas mulheres não têm consciência de suas capacidades cíclicas. Muitas vezes, ignoram ou suprimem os efeitos do ciclo para se encaixar nas expectativas profissionais e pessoais. A chave, no entanto, são a observação e a comunicação.

Um método simples é experimentar diferentes abordagens baseando-se nas listas apresentadas. Pode ser que você tenha de perguntar quatro vezes de maneiras diferentes, mas a tática que tiver resposta positiva lhe indicará em que Período Ideal ela está.

Por exemplo, se quiser que ela escreva um relatório, uma abordagem seria oferecer quatro pontos de vista diferentes para ver qual ideia é recebida com confiança e entusiasmo. Entre as opções, você poderia sugerir: que ela agregue e estruture uma lista de observações e informações detalhadas (fase *Dinâmica*), que se concentre nas pessoas (fase *Expressiva*), que use o relatório para identificar problemas e soluções criativas (fase *Criativa*) ou que faça um relatório geral, concentrando-se nos valores centrais da empresa (fase *Reflexiva*).

Outra maneira de identificar o Período Ideal é reparar no modo como a mulher fala e nas tarefas com as quais ela se anima ou se entusiasma.

Se ela elaborou uma lista longa e detalhada de coisas para você fazer, é possível que esteja na fase *Dinâmica*. Se fez uma lista longa e detalhada de coisas erradas (inclusive você) e uma lista igualmente longa de coisas que você pode fazer para melhorar a situação, tudo indica que está na fase *Criativa*!

Apesar de o nível de energia física das mulheres ser um bom indicador de Períodos Ideais, infelizmente muitas usam cafeína para ignorar a necessidade corporal de desacelerar durante as fases *Criativa* e *Reflexiva*.

Um aviso! Se você usar as informações deste capítulo de modo que possa ser interpretado como definidor, menosprezador ou desdenhoso, não receberá respostas positivas ou respeito! As mulheres não gostam que os homens usem o ciclo menstrual como piada ou justificativa para o comportamento feminino.

As capacidades e energias descritas neste livro foram dadas apenas como indicações. Cada mulher tem uma experiência única do ciclo, e fatores externos também podem influenciar a maneira como manifestam seus Períodos Ideais. Por isso, é importante que a comunicação seja de mão dupla, que as mulheres deem aos homens as informações de que eles precisam para adaptar sua atitude e suas expectativas, a fim de adequar-se aos seus Períodos Ideais.

Por que se preocupar?

Os Períodos Ideais desempenham papel importante no dia a dia, no trabalho, nos relacionamentos e na vida familiar das mulheres.

Quando elas têm um ambiente que lhes permite-se expressar de acordo com os Períodos Ideais, podem sentir grande queda no estresse e maiores sentimentos de realização, autoconfiança, bem-estar e felicidade. Também ficam com a capacidade intensificada de chegar mais longe na vida, criar sucesso pessoal e realizar sonhos e objetivos.

No trabalho, as mulheres adquirem a capacidade de se superar em produtividade e eficiência, criar equipes felizes e motivadas e gerar soluções inovadoras e ideias revolucionárias, além de ter o potencial de transformar empresas e organizações em líderes de sua área de mercado.

Quer você aplique seu conhecimento dos Períodos Ideais no trabalho, quer em relaciona-

> "Como homem e *coach* pessoal e profissional, consigo identificar muitos dos conceitos que você apresenta sobre como usar da melhor forma as "fases" das mulheres durante cada mês. Tenho muita sorte de poder trabalhar com mulheres empresárias que, segundo creio, poderiam se beneficiar de entender essa poderosa abordagem em vez de tentar combatê-la..." – Ian Dickson, *Master coach*, Reino Unido, www.action-coaching.co.uk.

mentos pessoais, terá de ser flexível e manter em mente a ideia da mulher "4 em 1".

Esforçar-se para entender os diferentes Períodos Ideais das mulheres traz muitas recompensas ao relacionamento. Se você errar este mês, sempre terá uma segunda chance no próximo!

Conclusão
Pegando a Onda da Realização

Quando trabalhamos nas tarefas adequadas nos Períodos Ideais, pegamos uma onda de excelência, trabalhando no nível mais alto de capacidade e desempenho no mês todo.

Sempre que possível, eu estava no pico das minhas habilidades enquanto produzia este livro. Peguei minha onda de realização usando a fase *Dinâmica* para editar e planejar os capítulos, a fase *Expressiva* para compartilhar ideias, a fase *Criativa* para escrever e a

> "Minha irmã e eu gerimos juntas uma empresa. Desde que assistimos à palestra de Miranda sobre "Períodos Ideais", passamos a incorporar esses conceitos em nossa estrutura empresarial. Quando nos reunimos para discutir os próximos projetos e até mesmo tarefas corriqueiras que precisam ser feitas, verificamos onde cada uma de nós está no ciclo e dividimos o trabalho de maneira adequada. Isso não apenas melhora a eficiência dos nossos negócios, mas torna o trabalho muito mais agradável quando podemos dizer: 'Essa tarefa não tem a ver com o ponto em que estou no meu ciclo, você a faria?'. Como isso é fabuloso!" – Amy Sedgwick, terapeuta ocupacional registrada, Red Tent Sisters, Canadá.

Reflexiva para verificar se o que escrevi estava em harmonia com o foco do livro.

Pegar a onda da realização não é algo só para indivíduos. Se levarmos o conhecimento sobre os Períodos Ideais para o ambiente de trabalho, as mulheres que trabalham juntas poderão todas "pegar a onda". Conscientes umas do ciclo das outras, as mulheres têm a oportunidade de distribuir tarefas para aquelas que estiverem nos Períodos Ideais para realizá-las.

Isso significa que, em vez de esperar um mês para que a capacidade intensificada de uma mulher volte, os projetos podem ser constantemente apoiados e sustentados por uma combinação de capacidades ampliadas de todas as mulheres participantes do projeto. Assim, elas pegam a onda de suas capacidades dos Períodos Ideais.

Isso é uma boa notícia para as mulheres, porque as ajuda a se destacar no que fazem e a expressar todos os aspectos de seu ciclo. Também as leva a sentir menos estresse no trabalho e a se sentir mais realizadas com o trabalho que fazem.

Essa abordagem é, ainda, uma boa notícia para empresas e organizações, que se beneficiam diretamente das habilidades ampliadas, maior eficiência e produtividade e dos poderosos *insights* e criatividade que as funcionárias podem oferecer. Além disso, funcionários mais felizes e menos estressados geram ambiente muito mais produtivo.

O impacto do conceito de Períodos Ideais e de pegar a Onda da Realização tem o potencial de afetar e mudar muitos aspectos da sociedade, inclusive a educação e a formação das mulheres, terapias, avaliações médicas e de aptidão, *coaching* pessoal e de carreira, além das expectativas das empresas e práticas profissionais.

Uma abordagem unicamente feminina

A realização da nossa vida é o ponto de partida de uma nova maneira de vermos a nós mesmas, nossas capacidades, como interagimos com o mundo e como podemos criar o sucesso, a excelência, a realização e a felicidade que queremos. Ela nos oferece uma imagem positiva e empoderadora de uma abordagem unicamente feminina, que, quando aplicada em nível diário, nos mostra nosso verdadeiro valor como pessoa e como profissional.

É necessário coragem para viver de acordo com nosso ciclo. Significa que temos de sair da rotina na forma como vivemos, trabalhamos e nos vemos, mas não podemos progredir até nosso máximo potencial se nos mantivermos contidas em uma estrutura linear. Com a disposição de sairmos da "norma", de mudarmos de lineares para cíclicas, começaremos a ver benefícios em todos os aspectos da vida.

É claro que haverá momentos em que vamos sentir que as emoções, os sintomas físicos e os estados mentais são difíceis demais de controlar, e em que todos os pensamentos sobre aspectos positivos do ciclo parecerão fantasia. Todas vivemos meses assim, mas nossa perspectiva muda com as fases, e todo mês temos a oportunidade de descobrir e mudar as questões que ficam por trás do que pensamos sobre nosso ciclo. Nosso ciclo é parte de quem somos e está aí para que retornemos a ele.

Viver com o ciclo se torna um estilo de vida. Cada ciclo oferece oportunidades empolgantes e desafiadoras de crescimento e desenvolvimento, de nos curarmos e sermos verdadeiras conosco mesmas, para nos destacarmos e manifestarmos a vida que desejamos. Trabalhando com o ciclo, obtemos um novo poder e novas opções quanto à maneira como nossa vida se desenrola.

> "Sinto cada vez mais que se trata de pegar uma grande onda que se move em mim – por um lado há coisas que posso fazer para planejar com antecedência e estar em harmonia com o que vier, mas há também um elemento espontâneo de entrega." – Sophia, doula e assistente de *workshops*, Espanha.

Outro dia, escutei no rádio um comentário adorável de um homem. Ele disse que sua mãe fora "uma mulher que era como o mar: sempre mudando, mas sempre a mesma". Infelizmente, poucas mulheres têm essa incrível opinião sobre si mesmas.

Apêndice 1

Criação de um Diagrama do Ciclo Detalhado

O Plano Diário da Mulher Realizada foi desenvolvido para apresentá-la aos Períodos Ideais e à sua natureza cíclica. A variedade de mudanças que podem acontecer durante o ciclo mensal, no entanto, é muito mais diversa que a coberta pelo plano.

A seguir, há uma série de tabelas que descrevem apenas algumas das mudanças manifestadas pelas mulheres no decorrer do ciclo menstrual. Observe-as e marque as experiências que você tem durante o próprio ciclo.

É claro que leva muito tempo registrar todas essas mudanças no decorrer de um mês, então decida registrar aquelas que têm maior impacto em sua vida, quer as veja como experiências positivas ou negativas. Concentre-se em criar um Diagrama do Ciclo para essas mudanças identificadas.

No final do mês, reveja o diagrama e pense em jeitos positivos e práticos de aplicar suas experiências. Veja se consegue desenvolver formas de se apoiar ativamente no próximo mês.

Você pode tirar cópias e ampliar o Diagrama do Ciclo em branco do *Apêndice 2*. Além disso, há uma versão, em inglês, para *download*, em **www.optimizedwoman.com**, para uso pessoal.

Tabela 1 – Experiências mentais

Atenção aos detalhes	Nível de concentração	Facilidade de aprender coisas novas
Ambições	Metas	Pensamentos positivos/negativos
Processos de pensamento caóticos/lógicos	Capacidade de planejar	Capacidade de articular, expressar ideias e de se comunicar bem
Capacidade de se concentrar	Pensamento tático	Capacidade de lidar com muitas tarefas, conceitos e pressões
Capacidade de entender informações complexas	Pensamento de visão geral	Capacidade de tomar decisões/fazer escolhas "corretas"
Capacidade de sonhar acordada	Ser crítica	Ser julgadora
Necessidade de estrutura	Flexibilidade	Preocupações demais
Necessidade de detalhes	Necessidade de entender	Capacidade de solucionar problemas
Inspiração	Clareza mental	Capacidade de visualizar
Necessidade de controle	Boa memória	Egoísta/Altruísta
Necessidade de novos projetos	Compromisso	Necessidade de projetos criativos
Sentir-se entediada, precisando de mudanças e novas experiências	Tolerância	Paciência

Capacidade de se desapegar	Capacidade de silenciar a mente e meditar	Crença em si mesma, determinação
Necessidade de atenção e validação	Reação ao estresse	Reações às pessoas – sociável/antissocial

Tabela 2 – Experiências físicas

Níveis de energia	Necessidade de dormir	Necessidade de se movimentar
Vitalidade	Resistência física	Força
Coordenação motora e consciência espacial	Flexibilidade	Capacidade de relaxar e desacelerar
Necessidade de experiências sensuais	Libido alta ou baixa	Prazer próprio
Impulsos eróticos	Como você anda e se movimenta	Necessidade de reconforto e toque físico
Como as pessoas reagem à sua aparência física	Necessidade de atividades físicas criativas	Mudanças na dieta
Desejos intensos e vontades	Mudanças físicas (peso, retenção de líquidos, forma dos seios)	Limiares de dor
Mudanças nos sentidos (visão, audição, olfato)	Noção de espaço pessoal	Sensação de calor e frio

Tabela 3 – Emoções e sentimentos

Entusiasmo	Ansiedade	Paranoia
Segurança e comprometimento emocional	Medo	Sentir-se amorosa, altruísta e aberta
Sensação de pertencimento	Sentimentos de sucesso	Sentir-se segura e empoderada
Paixão	Tristeza	Compaixão
Empatia	Raiva e agressividade	Sentir-se vitimizada
Felicidade	Sentir paz	Contentamento
Empoderamento	Otimismo/pessimismo	Autoconfiança

Acolhimento	Necessidade emocional de mudanças	Sensibilidade emocional/ ausência de paixão
Relacionar-se com outras pessoas	Necessidade de apoio e reconforto emocional	Necessidade de desapegar--se e seguir em frente
Tipos de homem que a atraem	Coisas de que você precisa para se sentir feliz	Perdão
Gostar de dar	Gostar de receber ajuda	Gostar de que os outros lhe digam o que fazer
Mudanças emocionais súbitas	Sentir bem-estar, plenitude e felicidade	Ser reativa emocionalmente
Necessidade de estar "certa" ou de ter as opiniões validadas	Necessidade de ajudar outras pessoas para sentir o próprio valor	Precisar da opinião dos outros para sentir o próprio valor
Sexo exigente ou necessitado	Reação a críticas	Independência/ dependência mútua
Sexo amoroso, sexo frio		

Tabela 4 – Espiritualidade e intuição

Intuição	Espiritualidade	Espontaneidade
Paz interior	Conhecimento interior	Confiança interior
Necessidade de apoio religioso e experiências religiosas	Necessidade de propósitos religiosos para a vida e os objetivos	Sonhos (positivos, negativos, sexuais, preditivos, de processamento, espirituais)
Sexualidade espiritual	Realizações	Capacidades psíquicas
Momentos de "eureca!"		

Apêndice 2

Fontes e Referências

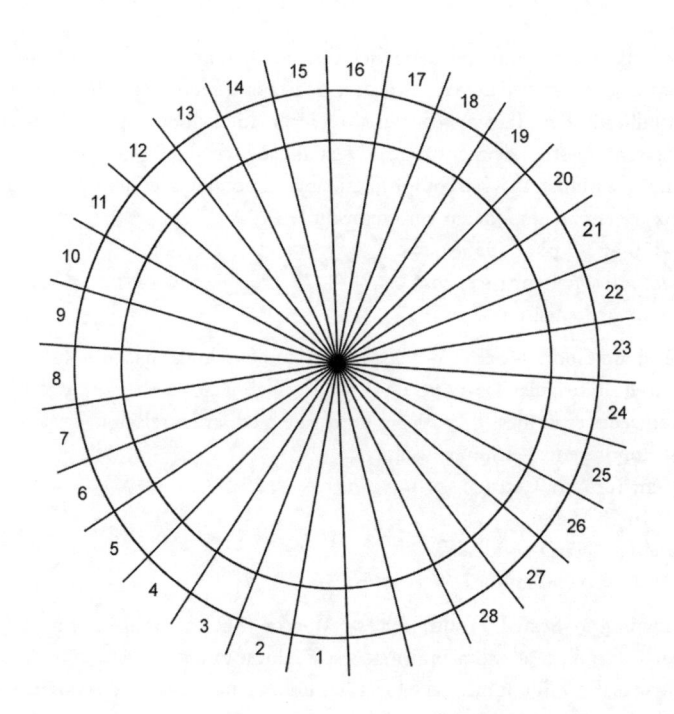

Workshops

Reino Unido
Miranda Gray mora em Hampshire, Inglaterra, e ministra palestras e *workshops* de "A Mulher Realizada" no mundo inteiro. Também tem um curso *on-line* de *coaching* pessoal para mulheres, baseado no ciclo menstrual. Para mais informações, visite o *site* "A Mulher Realizada" (*Optimized Woman*). Seu livro *Red Moon – Understanding and Using the Creative, Sexual and Spiritual Gifts of the Menstrual Cycle* também está disponível, em inglês, no *site*.
E-mail: enquiries@optimizedwoman.com
Site: www.optimizedwoman.com

Espanha
Sophia Style sedia *workshops* na Espanha que permitem que as mulheres se conectem de maneira prática e inspiradora com a sabedoria do ciclo menstrual. Ela mora em Girona, Catalunha, Espanha.
Tel.: 00 34 972 77 18 51.
E-mail: semillas@pangea.org

Canadá
Amy Sedgwick e **Kimberley Sedgwick** dirigem a empresa **Red Tent Sisters**, de vendas e serviços, sediada em Toronto, dedicada à saúde reprodutiva e sexual das mulheres. Red Tent Sisters busca oferecer um santuário para as mulheres explorarem questões de menstruação, sexualidade, gravidez e as fases cíclicas da condição feminina. Elas são comprometidas com a ecologia, com o conhecimento corporal e com o empoderamento reprodutivo.
Tel.: 416-463-TENT (8368).
E-mail: info@redtentsisters.com
Site: www.redtentsisters.com

"The Moon Goddess Series" – yoga, meditação e ciclo da lua, com **Zahra Haji**. A série de oito aulas faz parte do Yoga Kundalini dos Dez Corpos e oferece combinações específicas de posições de yoga e meditações relacionadas às quatro fases. Em breve terá ensino a distância.
Sede em Toronto, Canadá.
Tel.: 416 707 6284.
E-mail: iam@yoga-goddess.ca
Site: www.yoga-goddess.ca

A organização **Sexual Health Access Alberta (SHAA)**, sediada em Calgary, Canadá, facilita o acesso a informações, à educação e a serviços completos de saúde sexual. Com um foco na educação pública e na defesa de direitos, a SHAA aborda o público em discussões sobre vasta gama de questões, inclusive o debate

sobre a supressão menstrual. A organização está suscitando questionamentos sobre como os profissionais de saúde sexual conscientizam as mulheres sobre o ciclo menstrual para ajudá-las a tomar decisões reprodutivas informadas e apoiar aquelas que buscam alternativas contra contraceptivos hormonais.
Tel.: 403 284-8591
E-mail: info@sexualhealthaccess.org
Site: www.sexualhealthaccess.org

EUA
Red Moon – Cycles of Women's Wisdom™ com **DeAnna L'am:** Faça as pazes com seu ciclo menstrual. Apresenta garotas à condição de ser mulher com naturalidade e autenticidade. Apaixone-se por ser mulher! *Workshops*, consultas e treinamentos no mundo inteiro.
E-mail: lam@sonic.net.
Site: www.deannalam.com

Leitura adicional
A lista a seguir contém referências e títulos sugeridos para ler durante as diferentes fases do ciclo.

Fase Dinâmica
Instant Confidence
de Paul McKenna
Edição do Reino Unido: Bantam Press, 2006
Edição dos EUA: Bantam Press, 2006

Thresholds of the mind
de Bill Harris
Edição dos EUA: Centerpointe Press, 2002

The Cosmic Ordering Service
de Barbel Mohr
Edição do Reino Unido: Mobius, 2006
Edição dos EUA: Hamptom Roads Publishing Company, 2001

Be Your Own Life Coach: How to Take Control of Your Life and Achieve Your Wildest Dreams
de Fiona Harrold
Edição do Reino Unido: Hodder Mobius, 2001
Edição dos EUA: Hodder Headline, 2001

NLP in 21 days: A Complete Introduction and Training Programme
de Harry Alder e Beryl Heather
Edição do Reino Unido: Piatkus Books, 1999

Fase Expressiva
How to Win Friends and Influence People (Como Fazer Amigos e Influenciar Pessoas)
de Dale Carnegie
Edição do Reino Unido: Vermilion, 2007
Edição dos EUA: Vermilion, 2007

Nonviolent Communication: a Language of Life
de Marshall B. Rosenberg
Edição dos EUA: Puddle Dancer Press, 2003

The Wise Wound
De Penelope Shuttle e Peter Redgrove
Edição do Reino Unido: Marion Boyars Publishers Ltd, 2005
Edição dos EUA: Marion Boyars Publishers Ltd, 2005

Fase Criativa
Get Everything Done and Still Have Time to Play
de Mark Foster
Edição do Reino Unido: Hodder & Stoughton, 2000
Edição dos EUA: MacGraw-Hill, 2001

The Ultimate Book of Mind Maps
de Tony Buzan
Edição do Reino Unido: Harper Thorsons, 2006
Edição dos EUA: Thorsons, 2005

Stop Thinking, Start Living: Discover Lifelong Happiness
de Richard Carlson
Edição do Reino Unido: Element, 1997
Edição dos EUA: Thorsons, 1997

The Sendona Method: Your Key to Lasting Happiness, Success, Peace and Emotional Well-being
de Hale Dwoskin
Edição do Reino Unido: Element Books, 2005
Edição dos EUA: (com Jan Canfield) Sedona Press, 2003

One Minute For Yourself: A Simple Strategy for a Better Life
de Spencer Johnson
Edição do Reino Unido: HarperCollins Entertainment, 2005
Edição dos EUA: HarperCollins Entertainment, 2005

Fase Reflexiva
The Secret (O Segredo)

de Rhonda Byrne
Edição do Reino Unido: Simon & Schuster Ltd, 2006
Edição dos EUA: Atria Books/Beyond Words, 2006

Visual Journaling: Going Deeper Than Words
de Barbara Ganim e Susan Fox
Edição dos EUA: Quest Books, U.S., 1999

Women Who Run with the Wolves: Contacting the Power of the Wild Woman
de Clarissa Pinkola Estes
Edição do Reino Unido: Rider & Co, 2008
Edição dos EUA: Ballantine Books, 2003

Impresso por :

gráfica e editora
Tel.:11 2769-9056